마음의여로
Plus

신대식

경남에서도 오지 산골, 거창군에서 해방 이듬해에 태어났다. 두 살 무렵 한려수도 통영으로 옮겨 갔다가 초등학교 3학년, 아버지 별세로 다시 고향으로 돌아왔다. 그래선지 내 정서의 바닥에는 푸른 바다와 한적한 시골 풍경이 짙게 깔려 있다.

고교 졸업 후, 대학을 공짜로 마칠 수 있는 곳만 찾다 뒤늦게 들어간 육군사관학교에 발목을 잡혀 군 생활 36년. 덕분에 별★ 달고 대학원까지 공짜 혜택을 누렸다.

군 복무 중 『한글문학』(1999년) 등단, 예편 후 『에세이문학』(2010년) 재등단. 수필집 『바람불어 구름은 흐르고』(1999), 『마음의 여로』(2017) 출간. '제36회 현대수필문학상'(2018) 수상.

한국문인협회, 국제펜클럽, (사)한국수필문학진흥회, 현대수필 회원.

2025년 『마음의 여로 Plus』 수필선 출간.

지금은 강촌에 작은 집 짓고, 한가롭게 노닐고 있다.

e-mail : shinds-7@hanmail.net

수필 영상 감상

표지 그림_ 一玄 손광성

마음의 여로
Plus

신대식

말그른

`축하의 말`

신대식의 《마음의 여로》에 부쳐서

손광성(수필가 · 동양화가)

그는 무인武人이었다. 그러나 지금은 무인이 아니다. 문인이다. 그가 무인의 길에 들어선 것은 피치 못할 가정 형편 때문이었다. 그러나 문인의 길에 들어선 것은 필연이었다고 해야 옳을 것 같다.

중학 때부터 그는 문학 소년이었다. 등교 때 헌책방에서 소설을 빌려서는 맨 뒷줄 큰 애들 틈에 끼어 앉아서 수업 내내 소설을 읽었다. 하교 때는 읽은 책을 반납하고 다른 책을 빌려 와서 또 밤을 새워 읽었다. 다음 날도 마찬가지였다. 문인의 길이 필연이었다고 한 말은 그래서이다.

아담한 체구에 단아한 표정. 참한 선비라고나 할까? 어떻게 군인 노릇을 해냈을까 싶다. 작은 사람들은 보통 재빠르기 마련인데 그는 그 반대다. 느리다. 느릴 뿐만 아니라 그 동작은 지극히 은밀하다. 언제 옆에 와 앉았는지 언제 옆을 떠났는지 도무지 눈치챌 기미를 주지 않는다.

그는 감정 표현에 퍽 인색한 사람이다. 종일 같이 있어도 그의 입을 통해서 나오는 것은 몇 개의 단어가 고작이다. 그마저도 어눌하다. 웃음도 마찬가지다. 한껏 웃는다는 것이 입가를 약간 일그러뜨릴 정도다. 십 년 가까이 보고 지내는 사이지만 한 번도 이를 드러내 웃는 것을 본 적이 없다.

그런 그가 정에는 아주 헤프다. 술을 좋아하고 친구를 좋아한다. 무슨 모임이 끝나면 앞장서 술집으로 친구들을 끌고 가는 사람은 영락없이 그다. 그런데 말은 하지 않는다. 술은 자기가 사고 말은 친구들이 하게 한다. 혹 대화에서 소외되는 친구가 있다면 그에게 슬며시 이야기 물꼬를 터주고 자기는 듣기만 한다. 그렇다고 해서 아무나 다 좋아한다는 이야기는 아니다. 그는 의리를 중히 여기지만 호불호가 분명하다. 아니다 싶으면 상종을 하지 않는 성미다.

이렇게 보면 그는 현실적이고 단단한 생활인으로 보인다. 하지만 그의 마음은 그렇지 못하다. 외로움을 잘 타는 사람이라고나 할까? 홍천강가 빈 벌판에 작은 집 한 채를 지어놓고 종일 강물만 바라보고 있지만 그의 마음은 언제나 몸을 떠나 먼 길을 떠나고 있는 것이다. 해서 그의 글도 늘 길을 떠나고 있다. 〈마음의 여로〉가 대표적인 예라 하겠다. 그는 수식어를 남용하지 않는다. 문장이 간결하다. 그가 과묵한 사람인 것처럼. 하지만 그의 글을 읽고 있으면 따스하다. 비 오는 날 혼자 우산을 쓰고 있을 때처럼. 오붓한 외로움. 그것이 그의 문학 세계다.

어느 날 책을 낸다고 서문을 부탁해 왔다. 나는 거절했다. 남의 글에 대해서 이러니저러니 하는 것을 싫어하기 때문에 누구의 서문도 쓰지 않기로 작정한 때문이었다. 그런데 몇 주가 지나도 마음이 편치 않았다. 그와의 인연이 남다른 때문이어서 그랬을까? 지난 어느 해 겨울밤처럼 포장마차에서 언 발을 바꾸어가며 차고 맑은 술 한 잔 권하며 책 출간을 축하해주고 싶었지만 내 건강이 허락지 않으니 이 또한 마음일 뿐. 해서 몇 줄 글로 그의 늦은 책 출간을 축하하기로 한 것이다.

그의 기대에 미치지 못할까 염려된다. 하지만 어쩌겠는가? 내 필력이 여기까지인 것을. 문운을 빈다는 말은 하지 않겠다. 단 한 가지, 그 오롯한 외로움과 더불어 홍천강 오연재傲然齋에서 한 마리 학처럼 늘 오연傲然하기를 비는 마음이다.

저자의 말

《마음의 여로 Plus》를 내면서

수필을 한 편씩 발표할 때는 별 부담을 느끼지 않는다. 오직 그 작품에만 집중하면 되니까. 그러나 수필집을 낼 때는 망설이게 된다. 왜냐하면 한 편씩 써두었던 글들을 엮은 수필집은 자신이 원하든 원치 않든, 자서전적인 성격을 띠게 마련이다. 그러므로 작가의 살아온 발자취는 물론 시대와 환경에 따른 내면의 세계까지 낱낱이 드러낼 용기가 필요하기 때문이다.

그러나 이왕 수필집을 내었으니 인생 팔순을 앞두고서 이미 출간한 글을 다듬고, 이후에 쓴 작품들을 추가하여 선집 형식으로 세상에 다시 내보낸다. 이후론 다시 수필집을 낼 여력은 없을 것 같다.

나의 모든 수필 작품 화두話頭는 시종일관 '인간의 삶'이다. 나 같은 범인은 그 굴레를 벗어날 수 없기에.

책을 엮으면서 작품을 질서 있게 배열하기 위해 다섯 개의 단원으로 묶었다. 각 단원은 작품의 내용 위주로 분류하고, 단원의 제목은 대표 작품명이 아니라 단원 전체를 아우르는 주제로 정했다.

이처럼 수필집은 다섯 개의 단원으로 나눠 있지만 각기 독립된 주제가 아니라 "나의 삶, 어떻게 살아왔고 노년기 여생은 어떻게 살아갈 것인가?"라는 주제에 단계적으로 귀속되어 하나의 이야기 줄기를 이루고 있다. 즉 '잘못된 세상 → 그래도 살 만한 세상 → 그런데, 산다는 게 뭔지 → 삶이 비록 무겁다 한들 → 언젠가 돌아가리'의 구성이다. 이것은 작가가 살아오면서 마음이 흘러온 여정이기도 하지만 한편으론 "얼마 남지 않은 여생을 어떻게 살아갈 것인가" 하는 여생의 지향선指向線이기도 하다.

1. 잘못된 세상

이웃을 배려하며 함께 살아가는 세상을 기원하는 마음으로, 그릇된 세태에 방관하거나 외면하지 않고 모난 돌이 될지언정 비판할 건 늘 꼬집으며 살아왔다. 그렇게 살다 보니 차돌 같은 심장에도 퍼런 멍 자국이…. 그러나 내 주변부터 조금씩 나아지지 않을까 하는 바람으로.

2. 그래도 살 만한 세상

우리 사회가 각박하다지만 평범한 서민들의 삶과 마주하다 보면, 그곳엔 온기가 있고 눈물이 있다. 그래도 아직은 희망이 있는, 살 만한 세상이다.

3. 그런데, 산다는 게 뭔지…
누가 뭐래도 산다는 건 힘들고, 때론 가슴 시리도록 외롭기도 하다. 인생을 살아가는 아픔을 하소연도, 푸념도 해보며 마음을 삭인다.

4. 삶이 비록 무겁다 한들
삶이 비록 무겁다 하여 어찌 내려놓을 수 있는가. 하고많은 생명체 중에 인간으로 태어난 기막힌 우연! 언제 다시 이런 우연이 찾아올까. 길지도 않은 한 번뿐인 인생, 좌절하지 말고 사람답게 살다 가야지.

5. 언젠가 돌아가리
노년기에 접어든 이제, 삶이란 짐 털어버리고 소년기의 순수했던 초심으로, 무심한 자연으로 돌아가고자 하는 마음을 담았다.

이 책은 수필집이지만, 어찌 보면 수필 형식을 빌린 내 마음의 여정을 읊은 자서전이라 할 수 있겠다.

2025년 5월

신대식

수상작 서평

별을 낚는 도망자
―신대식의 수필집 《마음의 여로》를 읽고

김우종(문학평론가)

홍천강가의 나그네

수필집 《마음의 여로》는 다양한 소재를 지니지만 작가의 관심은 후기작에 속하는 탈도시적인 자연과의 대화 쪽에 더 큰 비중이 실리고 있는 것 같다. 작가가 온종일 바라보며 그려나간 강변 풍경은 참 아름답다. 작가는 물소리와 바람소리 새들의 속삭임을 엿듣는 예민한 청각을 지니고 있다. 그리고 이들을 가슴속으로 깊숙이 안아들인 다음 간결체의 언어미학으로 수필문학의 품격을 높이고 있다. 작품의 제작 연대들을 두루 알 수는 없지만 작가는 아마도 퇴직 후 자연과 만날 때부터 이처럼 알찬 열매를 수확하기 시작한 것으로 보인다.

손광성 교수가 신대식 작가의 수필집 출간 '축하의 글'에 의하면 그는 홍천강가 작은 집에서 흐르는 물만 바라보며 지내지만 마음은 늘 어디론가 멀리 떠날 나그네라고.

그런데 이런 풍경은 김소월의 가녀린 리리시즘을 연상시키면서도 본질은 다르다. 작가의 그것은 향수병의 결과가 아니라 도시에 대한 문명비판적인 저항의식이 깔려 있기 때문이다.

그리고 도연명의 〈귀거래사〉와도 다르고, 술 몇 잔에 취해서 동정호에 비친 달을 건지려다 익사했다는 이태백의 로맨티시즘과도 다르다.

그의 문학은 자신이 왜 도시를 떠나야만 했던가 하는 준엄한 질문지나 다름없다. 그리고 그 질문은 철학성과 문명 비평적 해답을 요구한다. 그래서 그의 수필은 흔히 보는 서정문학이 될 수 없다. 그의 수필들은 참으로 아름다운 자연의 발견이지만 짙은 서정성과 간결한 문체로 수필문학의 매력을 유지하면서도 이런 철학적 사고를 저변에 깔면서 독자에게 답을 찾도록 유도하는 형태다.

작가는 온종일 강물만 바라본다고도 했지만 이몽룡이 춘향이 보듯 풍경이 항상 아름다워서가 아니다. 때로는 단조롭고 지루하기 짝이 없을 것이다. 그는 가끔 강 낚시를 하거나 겨울 땔감을 미리 줍기도 하고, 기분이 내키면 자전거를 타고서 강변길을 달리다 걷다 하며 하루를 소일한다고 한다. 그러면서 대부분의 날들은 아무것도 하지 않고 빈둥거리면서 지낸다고. 나무 난간에 걸터앉거나 계단에 쪼그려 앉아서 흐르는 강물과 먼 하늘의 구름을 멀거니 쳐다보며 지내는 것이 지나가는 사람들의 눈에 비춘 작가의 일상인 것 같다.

그렇다면 그는 왜 그곳에 가 있는지 질문을 던질 수밖에 없다. 수필 창작의 제1차적 모티프는 그의 일상적 체험이 만들어 주는 것이기 때문이다. 그 결과 우리는 그의 탈도시와 홍천강 행에 다음과 같은 동기가 있음을 알게 된다.

별을 낚고 수필을 낚고

〈강촌의 가을에 잠기다〉에서 소제목의 '별'을 보면 찰랑거리는 물결이나 빈 하늘만 쳐다보는 것이 그의 일상사는 아니다. 그것은 자연의 환상적인 축제를 보기 위한 기다림일 뿐이다. 몇 시간 전부터 좋은 자리 차지하고 유명 아이돌 그룹의 등장을 기다리는 젊은이들과 다를 바 없이 그의 무료한 기다림은 팡파르가 울리기 직전까지의 긴장의 연속이다.

이럴 즈음이면 지상의 모든 것은 별빛에 취해서 넋을 잃고 숨을 죽인다. 강물은 더욱 은근하게 속삭이며, 밤새 우는 소리도 아득하게 들린다. 낮 동안 돌 틈에 숨어 있던 물고기들도 어느 결

에 가장자리로 나와서 등지느러미를 드러내고 조용히 헤엄을 친다.(중략)

도란거리는 별무리 속엔 낚싯대로 띄운 빨강, 초록색 야광찌들이 별처럼 숨어서 물고기를 유혹하고 있다. 그러다 밤낚시에 마자, 모래무지를 걸어 올리면 별을 하나씩 물고 바들바들 떨면서 딸려 나온다. 때로는 밉살스럽게 생긴 꺽지, 메기들조차 별을 하나씩 물고 올라온다. 가을 밤낚시는 별을 낚는 낚시다.

– 〈강촌의 가을에 잠기다〉 중에서

작가는 이렇게 강물소리를 들으며 별을 낚고 있다. 별을 낚아 올리다니 이것은 현실이 아닌 판타지의 세계이며 작가는 그 드라마의 주인공이 되고 있다. 그리고 이런 강변의 독거노인이 아니면 낚을 수 없는 수필을 한 편씩 낚아 올리고 있다. 그로서는 가을밤 낚시는 별을 낚는 낚시일 뿐만 아니라 수필의 대어를 낚는 행사다.

이런 작가를 보면 그가 왜 그곳에 있는지 알게 된다. 그렇게 물고기를 낚으며 수필을 낚고 그 세계에서 하나가 될 수 있다면, 그리고 그같이 자연과 하나 됨의 기쁨이 얼마나 큰 것인지 남달리 예민한 감수성과 함께 북처럼 잘 울리는 가슴을 지닌 사람이라면 지루한 한낮이 열 시간, 스무 시간, 백 시간이라도 그 기다림을 거부할 수 없다. 자연과의 만남으로 쓰기 시작한 그의 수필들은 자연의 발견이며, 이런 자연 사랑이 그의 수필의 특성이며 매력이다.

배반의 도시

이 정도의 자연이라면 그가 도시를 버리고 강가에서 온종일 먼 하늘만 바라보는 이유는 충분하고도 넘친다.

그런데 그가 강가에 집을 짓고 혼자만의 고독을 즐기게 된 이유는 이런 판타지의 축제와는 전연 다른 것도 있다. 그는 갈대가 우거진 강변의 매력에 빠지기 전 도시문화에 절망하고 그곳으로부터 탈출한 도망자가 틀림없다.

그는 어느 날 아내와 함께 산책을 하다가 변을 당한다. 누군가의 강아지가 아내의 바짓가랑이를 물고 늘어진 것이다. (〈개를 닮아 가는 세상〉에서) 아내는 비명을 질렀지만 오히려 이 때문에 개 주인한테 욕만 먹는다. 개를 놀라게 한 죄 때문이란다. 이 정도면 적반하장의 극치다. 또 옆집의 강아지 때문에 겪은 수모도 여간 일이 아니다.

이런 사건들은 이 세상이 어느 이웃과도 공존할 수 없는 절망지대임을 나타낸다. 그리고 이것이 우리들이 참고 살아야 할 이 나라의 일상사이며, 이를 참기 어렵다면 지구를 떠나든지 아니면 홍천강가로 도망칠 수밖에 없다.

〈그래, 실컷 울어라〉는 이런 세상에 대한 분노를 매미들의 울음에 비유해 나간 재미있는 작품이다. 억울하면 실컷 울어보라는 작가의 말은 매미만이 아니라 매미처럼 억울한 도시인들을 향한 분노의 목소리다.

이와 달리 병원 앞마당의 소나무 이야기는 탈도시 대신 역코스를 밟으며 도시로 징발되어 온 피해자에 대한 고발이다. 산속에서 강제로 트럭에 실려서 병원 앞마당에 심어지고 환자들을 위로해야 되는 소나무들은 내일이면 죽어야 할 장정들을 위로하기 위해 몸을 내맡기고 있어야 했던 정신대의 몸짓들과 같다.

> 십여 그루의 소나무마다 링거병이 두세 개씩 매달려 있고 주사기가 꽂혀 있다. 몸통이 훤칠하게 뻗어 올라간 적송 솔잎은 이미 누렇게 변해 있다. 모두 중병에 걸려 있는 것이다.
> 청정 지역에서 평화롭게 살다가 느닷없이 객지에 끌려와서 골골하고 있는 나무들, 그 모습이 나를 닮았다.
>
> – 〈입원실 환자는 괴롭다〉 중에서

이것이 작가가 퇴직하는 날부터 갈아타야 할 우리들의 세상이다.

링거병을 주렁주렁 매달고 중병에 걸려 있는 소나무들이 되살아날 방법은 그들이 살고 있던 청정 지역으로 되돌아가는 것뿐이다. 그리고 애초부터 도시 속에 살고 있던 작가가 사는 길도 마찬가지다. 문명 이전의 자연으로 되돌아가는 것이다.

이것이 작가가 홍천강으로 간 필연적 이유가 된다.

〈난 결코 욕은 하지 않았다〉에서 작가가 말하는 세상도 그렇다. 모두 곪아 터지고 있기 때문이다. 숨쉬기조차 힘겨운 오염지대라면 그 자리는 살 곳이 못 된다. 이것이 홍천강으로 도망칠 수밖에 없었던 이유다.

다만 이런 몇 가지 예만이 도시 결별의 이유는 아니다. 이를 포함해서 그가 만난 이 세상은 전체가 절망지대일지도 모른다. 그것이 모두 그에게 참을 수 없는 상처를 주고 있었다면 작가는 도시를 배반할 수밖에 없다.

〈난 결코 욕은 하지 않았다〉에서 작가는 목구멍까지 차오르던 분노의 악담을 용케 참아내고 있다. 그것은 예비역 고위급 장교들에 대한 욕이다. 작가는 이들에게 "이 개새끼 같은 놈들 (중략) 아구통을 확! 돌려 버리고 싶은"이라는 말을 하고 싶지만 차마 그러진 않겠다며, 간접화법으로 욕을 대신하고 있다. 그들의 나태와 부패에 분통이 터진 것이다.

그런데 작가는 이제 제복을 벗고 이처럼 아구통을 확 비틀어 버려야 할 사람들의 세상에 나와 있다. 그리고 이제부터는 아구통 협박은 통하지 않는다. 이제는 그들과 하나가 되어야 한다. 함께 썩고 게으르고 시궁창에 뒹구는 길밖에 남아 있지 않다.

이것은 특정 집단에 관한 것이지만 사실은 이 나라의 가장

높은 곳에서부터 밑바닥까지 특정적인 예외 집단은 거의 존재하지 않는다. 한국사회의 부패지수는 세계적인 과학적 통계지수가 말해주고 있다. 그러므로 똥물에 그대로 길들여지고 함께 곪아 터지는 수모를 감수하지 않으려면 이곳을 떠나야 한다. 아무도 없는 홍천강가 빈 들판으로.

이런 필자의 추측은 개인의 사상과 인격에 대한 것이기에 조심스럽지만 후기작 이전에 남긴 작품들은 이런 결론을 내리게 하는 것이 사실이다.

그렇다면 그가 홍천강의 아름다운 자연을 찾아간 것은 박수 칠 만한 경사만은 아니다. 그는 도시로부터 쫓겨 온 도망자일 수밖에 없다. 억울하게 아내 살인 누명을 쓰고 도망 다니는 해리슨 포드의 참담한 모습(영화 〈도망자〉)과 다를 바가 없다.

그뿐만 아니라 작가의 탈 도시 작전은 해리슨 포드보다 더 비극적이다. 해리슨 포드는 사랑하는 아내와의 행복한 시절이 있었지만, 신대식 작가에게는 직업 특성상 홀로 오랜 세월 떠돌이 생활로 인해 그런 기회가 거의 주어지지 않았기 때문이다. 다만 앞으로 살아가야 할 세상이 어떤 것인지, 맛보기로 개 같은 사람들을 만나봤을 뿐이다.

작가는 제복을 벗은 지 얼마 안 되어 홍천강 고독의 유배지로 떠난 것 같다.

그가 조직 생활을 떠난 후 만나게 된 세상은 아구통을 확 비틀어버릴 듯한 협박 한마디로 쉽게 해결되는 세상이 아니었다. 통제가 통하는 조직 생활에서는 부패와 나태가 용납될 수 없었겠지만 여의주를 잃은 이무기는 다른 구렁이들과 한패가 되고 전에 협박당한 아구통 부대들의 보복이나 받아야 살아남을 처지가 된 것이다. 만일 이 때문에 그가 홍천강으로 떠났다면 이는 너무도 비극적인 모순이다.

홍천강으로 탈출은 '탈도시'나 '도시로부터의 탈출'이라는 이름이 붙여져야 하지만 사실은 그에게는 탈출했어야 할 도시가 없었다. 옆집 개주인에게 망신당하고 아내 바짓가랑이를 물고 늘어진 강아지 주인한테 욕먹은 것은 우리들의 도시문화에 대한 맛보기의 학습 과정일 뿐 그는 도시문화를 생략하고 곧바로 고독의 유배지로 직행한 것이다.

거기서 그는 스승이 써 준 오연재傲然齋의 현판을 달고 문자 그대로 오연지기를 과시하며 당당한 인간존재의 긍지와 자존심을 지키며 살고 있는 것일까? 여의주를 잃어버린 이무기가 살아남을 곳은 바람 부는 빈 들판밖에는 아무 데도 없다. 그리고 그런 고독을 스스로 선택했다면 그것이야말로 이 땅에서 드물게 빛나는 오연지기다.

죽음의 철학

그는 또 하나의 철학적 과제를 수필 속에 담아 나가고 있다.

그것은 죽음이다.

이것은 작가의 자발적인 선택도 아니고 누군가에 의한 강요도 아니기 때문에 그가 홍천강으로 간 이유가 되지는 않는다. 그렇지만 그는 분명히 이 문제에 빠져들고 있음에 틀림없다.

작가는 〈그대, 이제 평안한가〉에서 나이 40대에 생활고로 자살한 사람에 대해서 말하고 있다. 〈떠난 자의 뒷마당〉도 허망한 죽음에 대한 얘기다. 〈추석 성묫길에〉도 마찬가지다. 〈먼저 떠난 오랜 벗에게〉도 죽음의 이야기다. 〈불꽃〉은 죽은 자가 한 줌 흙으로 돌아가는 마지막 처절한 장면을 사실적으로 그려 간 작품이다. 〈잠시 스쳐 간 시한부 인생〉은 자신의 죽음에 관한 이야기다. 그리고 〈마음의 여로〉에도 죽음이 나타난다. 또 〈강촌의 가을에 잠기다〉에는 한 마리 박새의 죽음이 있다.

수필집 한 권에 이렇게 많이 죽음의 이야기가 나오는 경우는 매우 드물다. 이것이 모두 홍천강 고독의 유배지가 낳은 작품만은 아니겠지만 작가는 도시에 머물 때도 그렇고 홍천강가에 와서는 더욱 진지하게 죽음이란 무엇인지 질문을 던지고 있다. 남태평양의 외로운 섬에서 마지막 남긴 대작으로 '우리는 어디서 와서 어디로 가는 것이며 우린 무엇인가'라고 묻던 고갱도 그랬었다.

늦가을 붉은 산에 스산한 바람이 분다. 강변 갈대꽃이 춤을 춘다. 강물도 서늘한지 물비늘을 반짝이며 출렁거린다. (중략) 이미 짧아진 가을 해가 강 건너 산마루에 걸려 있다. 온기를 잃은 핼쑥한 햇볕은 쓸쓸하기만 하다. 이럴 때면 온 세상이 적막해지면서 산그늘도 일찌감치 내려온다. 강으로 향한 작은 골짜기마다 어둠의 그늘이 흘러내린다.

어느새 산그늘이 강을 건너오고 있다. 강변 모래톱이 잿빛으로 덮인다. 갈대숲이 웅성거리더니 작은 새들이 그늘을 피하여 가볍게 날아오른다. 이윽고 으스스한 산그늘이 나를 덮어버린다. (중략) 몰려오는 어두움 속에서 스멀스멀 새어 나오는 적막감. 그리고 외로움.

- 〈강촌의 가을에 잠기다〉 중에서

이것은 결코 도시를 떠난 자를 위한 안식처의 풍경이 아니다. 그는 통영 앞바다 작은 섬에서 며칠 지내던 어느 날 물속으로 굴러떨어질 뻔한 사고를 당한다.

천천히, 아주 천천히 가라앉겠지. 수면 바깥, 하늘의 구름이 흔들린다. 하얀 기포가 보글보글 위로 솟는다. 이대로 소리 없이 생을 마감한다 해도 나쁘진 않을 것 같다.

- 〈마음의 여로〉 중에서

여기서 작가는 그대로 생을 마감한다 해도 받아들일 생각이다. 이것은 해탈의 경지를 찾아가는 것이겠지만 죽음의 그림자를 쫓는 서글픈 철학적 주제가 될 수밖에 없다.

신대식 수필의 특성과 위상

신대식의 문장은 촉촉이 젖어 있다. 작가의 가슴속이 젖어 있기 때문이다. 이런 서정성은 수필문학이 지녀야 할 매우 요긴한 조건이다. 문학은 일단 가슴의 울림으로 전해지는 감성적 전달 매체이기 때문이다. 이런 조건이 그의 강변 수필의 문학성을 한껏 심화시켜준다.

그의 문체는 간결체의 모범 답안이다. 수필은 가장 짧은 산문예술이라는 점에서 단 한마디도 췌언(贅言)을 용납하지 않으면서 사물의 묘사력을 극대화시키고 있다.

이런 문체로 단단한 구성에 고독과 죽음과 우리 사회의 모순까지 깊이 있게 천착해 나간 그의 문학은 우리 수필 문단의 자랑이 될 만한 자리를 단단하게 확보하고 있는 셈이다.

차례

축하의 말_ 손광성 • 4

저자의 말_ 신대식 • 7

수상작 서평_ 김우종 • 10

1. 잘못된 세상

나도 해탈이나 해버릴까 보다 • 28

그대, 이제 평안한가 • 33

개를 닮아가는 세상 • 37

귀하고 귀한 내 새끼 • 41

아이들은 놀이터에서도 외롭다 • 47

그래, 실컷 울어라 • 53

떠난 자의 뒷마당 • 55

입원실 환자는 괴롭다 • 57

돼지 멱따기 • 63

겨울꽃 • 65

2. 그래도 살 만한 세상

곡예사의 사랑 • 72

포장마차 • 78

별꽃 같은 여인 • 82

이런, 실수할 뻔했네 • 85

따뜻한 벽보 • 88

시골 장터 풍경 • 93

그녀는 왜 술을 마실까 • 101

미안해, 내 손을 잡아 • 104

교통순경도 고향에선 반갑다 • 107

이런 이발소 보셨나요? • 112

3. 그런데, 산다는 게 뭔지…

내가 누구냐구? • 120

추석 성묫길에서 • 123

먼저 떠난 오랜 벗에게 • 128

어느 울적한 날의 자화상 • 131

십 년 만의 귀가 • 134

불꽃 • 140

떠도는 마음 • 147

담배 연기를 보며 • 150

때로는 울고 싶어라 • 152

4. 삶이 비록 무겁다 한들

직업군인이 된 사연 • 156

비무장지대에 온 편지 • 162

잠시 머물다 온 집 이야기 • 167

군대 가면 몇 년 썩는다? • 174

절망은 이르다 • 180

내 사윗감의 합격 전말기 • 184

난 결코 욕은 하지 않았다 • 188

잠시 스쳐 간 시한부 인생 • 194

나목 • 204

5. 언젠가 돌아가리

마음의 여로 • 208

강촌의 가을에 잠기다 • 222

상살미 고갯길 • 234

한여름 밤의 산책 • 237

빗소리에 낚싯대 드리우고 • 245

고견사 행자승은 무슨 말을 하고 싶었을까 • 251

아득한 기억의 저편, 아련한 영상 • 258

밤비 따라 오는 사람 • 268

겨울, 산촌 • 273

귀향歸鄕 • 282

신대식 연보 • 288

홍천강가 '오연재'를 다녀간 작가들 작품

말춤, 전설이 되다_ 서성남 • 292

홍천강변에서 열린 재판_ 한준수 • 297

할_ 송혜영 • 302

어떤 가을날_ 전민 • 305

오연재 해방일지 중에서_ 이복희 • 308

이웃을 배려하며 함께 살아가는 세상을 기원하는
마음으로 그릇된 세태에 방관하거나 외면하지 않고
비판할 건 늘 꼬집으며 살아왔다.

1. 잘못된 세상

나도 해탈이나 해볼까 보다
그대, 이제 평안한가
개를 닮아가는 세상
귀하고 귀한 내 새끼
아이들은 놀이터에서도 외롭다
그래, 실컷 울어라
떠난 자의 뒷마당
입원실 환자는 괴롭다
돼지 멱따기
겨울꽃

나도 해탈이나 해버릴까 보다

나도 모르게 "어!" 하는 신음소리가 튀어나왔다.

코앞을 가로질러 가던 여인의 하이힐이 내 발끝에 차여서 보도 위를 또르르 굴러갔다. 바람에 구르는 낙엽처럼 가벼웠다. 경쾌하기까지 했다.

"아! 미안합니다."

"…."

여인이 파랗게 눈을 흘기면서 한참 쳐다보다가 얼른 신발을 꿰어 신고선 아무런 말도 없이 가버렸다.

내가 잘못한 건가? 아니, 그건 억울하다. 뒤에서 추월하였으면 곧장 바로 갈 일이지, 갑자기 코앞을 가로지를 게 뭐람. 그럴 거라면 애초부터 내 뒤에서 갈 일이지.

그런데 왜 그녀가 새파랗게 독이 오른 눈으로 흘겨봤을까. 사과 한마디 없이 입은 야무지게 다물고서. 누구 잘못인지 얼른 분별이 안 갔다.

다소 억울한 심정에 잠시 주춤대고 있는데 이번에는 무언가 내 어깨를 툭 치며 지나갔다. 뒤돌아보니, 바랑을 걸머진 젊은 여승이었다. 그는 시선 한 번 주지 않고 속세의 예절 따윈 나 몰라라, 휘적대며 걸어갔다. 파르스름한 머리가 애처로운 여승마저도 미안한 줄 모르다니. 나도 모르게 "에라이 쌍!" 욕설이 절로 터져 나왔다.

도심지 거리를 걷다 보면 어지럽다 못해 정신이 몽롱해진다. 거리의 사람들을 가만히 보면, 한적한 길에서도 똑바로 걷는 사람이 별로 없다. 사람마다 정도의 차이는 있지만 대부분이 지그재그로 걷는다. 그러니 혼잡한 거리에선 발걸음이 실타래 꼬이듯 어지럽다. 사람들이 가을바람에 구르는 낙엽 같다. 마음은 어디다 두고 왔는지 표정도 없이, 무엇엔가 쫓기는 허깨비들 같다.

거기에다 함부로 코앞을 가로질러 가는 사람, 거침없이 어깨를 부딪치며 가는 사람, 백화점이나 공공시설에서 유리문을 당기고 나가려면 기다렸다는 듯이 먼저 냉큼 끼어드는 사람들. 그들은 미안한 기색은 고사하고 주변 사람을 전혀 의식하지 않는다. 타인이 안중에 없다. 아니, 마음에 없다.

그들에겐 타인만 없겠는가, 그 자신도 자신의 마음속에 없다. 마음속에서 너와 나를 들어냈으니, 이건 해탈의 경지에 이른 것이다.

마음먹기에 따라 해탈이 이다지도 쉽다니, 나도 이참에 해탈이나 해버릴까 보다.

작품평

가벼운 일상을 꿰뚫어 보는 작가
―〈나도 해탈이나 해버릴까 보다〉를 읽고

유병숙(수필가)

생활의 발견, 이 시각을 만나면 평범한 일상도 새로운 탄생을 맞이하게 된다. 독자의 무릎을 치게 하는 경쾌한 울림이 있는 글, 작가와 독자가 동반 성장할 수 있는 작품. 마치 가뭄에 단비를 만난 듯 반갑다.〈나도 해탈이나 해버릴까 보다〉가 그런 글이다.
코앞을 가로질러 가던 여자의 하이힐이 작가의 발끝에 차여 보도 위를 또르르 굴러갔다. 작가는 그 와중에도 "하이힐이 구르는 낙엽처럼 가볍고 경쾌하기까지 했다."고 표현했다. 민망했을 순간에도 작가의 유머 감각이 튀는 것을 느낄 수 있었다.
누구의 잘못인지 얼른 분별이 안 되는 상황에서 "여자는 파랗게 눈을 흘기며" 말없이 가버렸다. 연이어 바랑을 짊어진 젊은 여승이 어깨를 툭 치며 지나갔다. "그는 시선 한번 주지 않고 속세의 예절 따윈 나 몰라라, 휘적대며 걸어갔다."라고 했다.
거리의 사람들을 가만히 보면, 똑바로 걷는 사람이 별로 없다. 사람마다 정도의 차이는 있지만, 대부분이 지그재그로 걷는다.

발걸음이 실타래 꼬이듯 어지럽다. 사람들이 가을바람에 구르는 낙엽 같다. 마음은 어디다 두고 왔는지, 표정도 없이 무엇엔가 쫓기는 허깨비들 같다.

작가는 그런 모습을 묘사하면서 "그들은 미안한 기색은 고사하고 주변 사람을 전혀 의식하지 않는다. 타인이 안중에 없다. 아니, 마음속에 없다."고 탄식했다.

그들에겐 타인만 없겠는가, 그 자신도 자신의 마음속에 없다. 마음속에서 너와 나를 들어냈으니, 이건 해탈의 경지에 이른 것이다. 마음먹기에 따라 해탈이 이다지도 쉽다니, 나도 이참에 해탈이나 해버릴까 보다.

작가는 남을 배려하지 않는 세태를 풍자적으로 꼬집고 있다. 직설적인 화법보다 더 신랄하게 느껴지는 묘미가 여기에 있다. 작가의 유머러스한 감각 또한 한 몫을 하고 있다.

단숨에 읽으며 단번에 성찰을 느낄 수 있는 글. 늘 바쁘다고 외치는 독자들에게 새롭게 다가설 수 있는 작품이 아닐까? 가벼운 일상을 꿰뚫어 보는 작가의 내공이 범상치 않음을 느낄 수 있다.

〈한국산문 제76호〉

촌평

〈나도 해탈이나 해버릴까 보다〉를 읽었습니다. 실성한 사람처럼 실실 웃으면서요.

"백화점이나 공공시설에서 유리문을 당기고 나가려면 기다렸다는 듯이 먼저 냉큼 끼어드는 사람들."

하, 이거 참! 얼마나 리얼한 묘사예요? 80 나이도 한참 지난 이 老鶩도 흔히 당하는 일입니다.

그리고 맨 끝 부분~.

"해탈이 이다지도 쉽다니, 나도 이참에 해탈이나 해버릴까 보다."

이건 시니시즘의 절창입니다. 씩 웃으며 도달한 높은 경지-.

-故 정진권(수필가)

그대, 이제 평안한가

 연락이 올 때가 지났는데도 소식이 없었다. 며칠을 더 기다리다 그의 오피스텔로 찾아갔다. 초인종을 눌러도 아무런 기척이 없었다.

 그냥 오려다가, 이왕 온 김에 맡긴 열쇠로 현관문을 열고 들어갔다. 실내에는 서쪽으로 난 베란다 창을 통해 빛바랜 저녁 햇살이 비치고 있었다. 그늘진 구석으로 옅은 어둠이 스며들기 시작하는 빈방은 너저분했다.

 역시 헛걸음했구나 싶어 돌아 나오려다 잠시 멈칫했다. 베란다 쪽 미닫이창에 길게 어린 그림자가 내 시선을 끌었다. 이상한 생각이 들어 창문을 밀치는 순간, "헉!" 하며 숨이 막혔다. 고개를 꺾은 채, 그가 천장에 매달려 있었다.

 등골에 식은땀이 쏴아 흐르며 전율이 온몸을 덮쳤다. 황급히 뛰쳐나오려는데, 설핏 본 그의 얼굴이 내 목덜미를 잡아당겼다. 후들거리는 다리를 간신히 지탱한 채, 담배 한 대를 피워

물고서야 겨우 그를 쳐다볼 수 있었다. 서쪽 하늘을 붉게 물들인 저녁노을이 그의 얼굴에 분홍색 그림자를 드리우고 있었다.

빛의 조화인가, 다소 부어오른 듯한 그의 얼굴은 평온하게 보였다. 슬프거나 고통스런 표정도 없어 보였다. 그러나 볼수록 섬뜩하리만치 냉랭한 그의 표정에 몸서리치며 천천히 뒷걸음질치다가 시선을 돌리고 말았다.

늘 아름답기만 했던 노을이건만 그날따라 귀기鬼氣 서린 듯 붉은 기운이 스멀거리는 실내는 괴괴할 정도로 적막했다. 영혼이 떠난 육신에선 음습한 냉기만 뿜어 나올 뿐, 친숙했던 그의 모습은 아득하게 멀어져 가고 있었다.

문득, 폐쇄된 공간에 사자死者와 단둘이라는 사실에 다시금 머리털이 곤두섰다. 하지만, 쉽게 발걸음이 떨어지질 않았다. 석양에 홀로 매달려 있는 그가 너무나 쓸쓸해 보였다.

생의 마지막 순간, 저 멀리서 짙은 어둠이 다가오는 것을 보며 몸부림쳤을 그의 절망과 고독이 고스란히 내 가슴을 파고들었다. 비로소 가슴이 찡해지면서 눈시울이 뜨거워졌다.

축 처진 그의 발끝과 바닥 사이는 겨우 두 뼘 남짓, 이승과 저승의 거리가 불과 두어 뼘에 불과하다니….

그는 아내와 어린 두 아들을 가진 사십 대 초반의 가장이었다. 평소 성격이 무척 밝았던 그가 나도 모르는 사이에 신용불

량자가 되어 있었다.

 책상 위에는 유서 한 장이 있었다.

아무리 애를 써도 신용불량자 낙인, 헤어날 길이 없다. 병든 홀아버님 부양 문제로 형제간의 다툼에 가슴 아프다. 아내와 어린 아이들, 헤어지긴 정말 싫다.

 마음이 여린, 막내인 그가 팔순 노부를 떠맡게 되자 생활고에 지친 아내마저 이혼하자며 떠난 모양이었다.
 그의 위패는 고향 부근 작은 사찰에 안치되었다. 평소 내왕이 별로 없던 형제들이 사십구재를 올린다며 그제야 열성들이었다. 계속되는 스님의 독경 소리도 공허하기만 했다.
 그의 숨진 모습을 내가 먼저 목격한 것은 우연일까, 의도적으로 그가 날 유인한 걸까. 마지막 가는 길을 내게 부탁하려 했나. 아니면, 삶이 시들해진 내 마음을 읽은 건가. 짓궂은 사람 같으니….
 법당 뜰에서 천진난만하게 뛰노는 어린 두 아이, 하얗게 넋을 잃고 앉아 있는 그의 아내.
 그대 생명은 혼자만의 것이 아니거늘, 스스로 인연을 거둘 만큼 삶이 그리도 괴로웠단 말인가. 이 매정한 사람아.
 그대, 이제 진정 평안한가.

촌평

"이승과 저승의 거리가 불과 두어 뼘 남짓"이란 표현이 계속 마음에 남습니다.

태어날 땐 자신의 의지로 태어나지 않지만, 죽음은 자신의 의지로 선택할 수 있는 동물이 인간이지요. 그래서 인간은 어쩌면 무서운 존재인지도 모릅니다.

힘들 때 꿈을 버리면, 아니 꿈을 못 꾸면 가장 나약하게 되는 동물이 사람이란 생각이 드네요. 생각에 젖게 하는 글 감사합니다.

— 김형구(서양화가, 수필가)

현장 묘사가 그만입니다. 오늘 밤 무서워서 어찌 잘까 싶습니다.

— 김경애 (시인, 수필가)

개를 닮아가는 세상

개 주인, 하나

저녁 무렵, 한강 둔치는 사람들로 북적거린다. 조깅이나 산책하려 나온 사람, 애완견 운동시키려 나온 사람들로 북적댄다.

오랜만에 아내와 산책을 나왔다. 강변길을 걷고 있는데 저만치서 젊은 여인이 강아지를 앞세워 오고 있었다. 하필 좁은 길목이라서 피하기가 쉽지 않을 것 같았다.

그래도 젊은 사람에게 양보하느라 길 가장자리에 겨우 비껴서 있는데 여인이 스쳐 지나가는 순간, 갑자기 "앙-" 하며 강아지가 아내의 바짓가랑이를 물고 늘어졌다. 아내는 놀라서 비명을 지르며 펄쩍 뛰어올랐다.

이때, 젊은 여인네의 앙칼진 목소리가 터져 나왔다.

"아줌마! 갑자기 그렇게 비명을 지르면 어떡해요. 우리 강아지가 놀라 스트레스 받잖아욧!"

"?? # # * ! 🔥 & #…."

"개새끼님께 죄송하게 됐네요."

개 주인, 둘

이른 아침 외출하려 현관을 나서는 순간, 옆집 문이 열리면서 요란스럽게 짖어대는 강아지를 앞세우고 20대로 보이는 여자 애가 나왔다. 이왕 마주친 김에 그간 참아왔던 말을 한마디 건넸다.

"얘, 옆집 사람들 생각도 해줘야지. 밤낮으로 강아지 소리가 너무 시끄럽잖아."

"아니, 강아지가 짖는 걸 어쩌란 말예욧!"

여자 애가 대뜸 신경질적인 반응을 보이면서 두 손을 허리춤에 올리더니 눈을 사납게 치켜뜨고는 코앞으로 바짝 다가왔다. 마치 뒷골목 건달을 잘못 건드린 듯 섬뜩했다.

내 딸보다도 훨씬 어린 여자의 어이없는 반응에 이런 난감한 일이 있나 싶어 어쩔 줄 모르다가 기껏 한다는 말이, 주눅이 들어서 어눌하게 튀어나왔다.

"너 말버릇이 왜 그 모양이니?"

"이봐욧! 개가 짖는다고 웬 시비예욧. 강아지도 키워보지 못한 사람들이."

여자 애는 제 성질을 못 이겨 숨을 거칠게 몰아쉬고 있었다. 아예, 항의하는 주변 사람들의 기를 꺾어서 끽소리도 못하게 만들 모양이었다.

"얘! 너의 부모에게도 그렇게 짖어대니? 개새끼를 그대로 닮았네."

뺑덕어멈 같은 얼굴이 하얗게 눈을 뒤집으면서 입술을 바들바들 떨었다. 그래도 개새끼를 닮긴 싫은 모양이었다.

개를 닮은 사람에게는 개가 알아들을 수 있는 말로 해야만 통하는 모양이었다.

개 주인, 셋

마침, 여자 애의 아버지로 보이는 중년 남자가 출근하는지 가방을 들고 나왔다. 아마도 현관문 틈으로 그동안 다 듣고 있었던 모양이었다. 가끔 저녁 무렵이면 강아지를 안고서 아파트 주변을 거닐던 사람이라, 이제 보니 낯이 익었다.

다행이다 싶어, 그에게 따지듯 물었다.

"여보, 나하고 얘기 좀 합시다. 이웃 간에 차마 얼굴을 마주하고 항의하기도 뭣해서 몇 주 전에 편지를 써서 우편함에 넣어드렸지만 반응이 없었지요. 이웃에게 피해를 입히면 일단 미안하단 말부터 하고서 양해라도 구해야 되는 게 아니요?"

이때, 현관문으로 목을 내밀고 있던 아주머니가 "당신, 뭐하고 있는 거예욧! 빨리 출근하지 않고서. 이 사람하고는 내가 얘기할 테니 빨리 가란 말예욧."라며 눈을 흘기자 남자는 아무런 말도 없이 도망치듯 허겁지겁 달아나버렸다.

어이가 없어 잠시 얼떨떨한 사이에, "앞으로 강아지 짖는 소리, 안 내면 될 거 아니에욧! 그러면 됐죠?"라며 여자가 내 말은 들을 것도 없다는 듯 현관문을 꽝 닫고 들어가버렸다.

어처구니없는 봉변을 당하고서도 따질 상대가 맹랑하게 사라져버리니, 이번에는 내가 닭 쫓던 개 신세가 되어버렸다.

허 참! 그 애비도, 에미도 개새끼 닮았군. 개 족보에 오른 가계家系인가?

정신의학에 '아스퍼거 신드롬(asperger's syndrome)'이란 말이 있다. 자신의 언행이 주변 사람들에게 미치는 영향을 의식하지 못하고 자기 뜻대로만 행동하기 때문에, 사회적 상호작용에 어려움을 겪는 사람들의 자폐적 증상을 말한다.

지금 우리 사회에는 한 개인의 자폐증뿐만 아니라, 가족 단위나 특정 이익 단체들의 집단적 자폐증 현상이 만연하는 것은 아닌지 모르겠다.

귀하고 귀한 내 새끼

어느 날 인사참모가 보고드릴 사항이 있다며 들어와서는, 입을 떼지 못하고 난감한 표정으로 멈칫거리고 있었다.

"왜, 뭔 일 있어?"

"예. 좀 난처한 일이….'"

"뭔데?"

한 병사의 부모가 면회를 왔다가 아들의 상관을 면담하겠다고 요청하길래 중대장에게 연락하여 만나보게 했단다. 그런데 중대장 대위 계급장을 보더니, 당신은 필요 없으니 더 높은 상관을 만나야겠다고 우겨서 어쩔 수 없이 대대장실로 안내했단다.

대대장이 차를 권하며 무슨 일인지 말씀하시라 했더니 차는 됐고, 이 부대에서 제일 높은 분이 장군이라 하던데 그분을 만나게 해주지 않으면 돌아가지 않겠다며 입을 닫고선 대대장실에서 버티고 있다고만 했다.

이런! 병사들 사이에, 아니면 중간계층 간부들에게 나도 모르는 문제라도 있는 건가? 은근히 걱정이 일기 시작했다. 만나 보지 않을 수가 없었다.

인사참모의 안내로 들어선 그들은 오십 대 중반으로 보이는 꽤 말쑥하게 차려입은 부부였다. 자리를 권하고선, 병사의 직속상관들을 모두 마다하고 어찌 저를 보자고 했느냐 물었다.

"아래 장교들에게 말해봤자 소용이 없고, 결정 권한이 있는 최상급 지휘관을 만나야 해서."라고 했다. 내심 그들의 무례함에 불쾌하기도 했지만, 한편으론 걱정도 앞서서 일단 얘기를 들어보기로 했다.

"우리 아들은 외동아들. 어려서부터 귀하게 자라서 험한 일은 해보지도 않았다. 소총병 같은 직책은 우리 아들에겐 맞지 않는다. 중대급이 아니라 상급 부대의 행정직으로 옮겨 달라." 는 것이었다.

어이가 없었다. 부대에 어떤 부조리가 있어 직접 항의하러 왔나 싶어 긴장하고 있었는데, 자기 자식의 특별대우를 요청하려 직속상관들을 무시하고 내게까지 왔다니….

"예. 부모에겐 귀한 자식들이지요. 요즘은 대부분 가정에 애들이 한, 두 명밖에 안 되니 더욱 그렇지요.

그렇지만 병사들은 주특기에 맞게 한번 배치되면 자리를 옮길 수 없는 규정이 있습니다. 댁의 아들은 주특기도 맞지 않고, 미안하지만 부탁을 들어줄 수가 없습니다."

"그래도 장군님 직권으로 해주실 수 있잖습니까. 부탁드립니다."

"부대장이라 하더라도 내겐 그럴 직권이 없을 뿐만 아니라 만약 내가 행정직에 있는 한 병사를 소총병으로 보내버리고 댁의 아들을 그 자리로 옮긴다면, 그 행정병의 부모는 어떤 심정이 될지 생각이나 해봤어요? 다른 병사들도 그들의 부모에게 귀하긴 마찬가지 아닌가요?"

"그래도 우리 아들만은 제발 봐주세요. 너무나 귀한 아들인데."

"병사들은 근무하던 부대에서 다른 곳으로 옮기게 되면, 새로운 환경에 다시 적응하기 힘들어 그들도 원치 않습니다. 그럴 순 없으니 이만 돌아가세요."

그러고선 부관을 불러 이분들 밖으로 안내해 드리고, 참모들 결재 밀린 것 있으면 가져오라고 했다. 참모들이 차례로 들락거리는 사이 흘깃 보니 그들은 돌아갈 생각이 없는지 고개를 숙인 채 앉아서 부인은 핸드백만 연신 만지작거리고 있었다.

거의 한 시간 이상 지나서 결재를 끝내고 그들을 재촉하려고 보니, 부인이 핸드백 지퍼를 열고 흰 봉투 같은 것을 꺼내려 하고 있었다. 안 되겠다 싶어 얼른 먼저 말을 건넸다.

"이런 말을 하고 싶진 않지만, 내 아들도 지금 최전방 철책선부대에서 복무하고 있다. 일 년이 지났으나, 논산훈련소 있을 때나 지금 전방부대에도 면회 한번 가지 않았다.

아들 역시 부모와 처음 떨어지는 이 기회에 홀로 서는 법을 체득하겠다며 신상명세서 작성할 때마다 아버지 직업란에 상업이라 기재하여, 주변의 누구도 아버지가 장군인지 모른다."고 했다.

그러자 대뜸 남편이란 자가 촉새부리로 재빨리 끼어들었다.

"에이 장군님은 장래를 위해서 청렴한 모습을 보이려 하시는 거 아니에요? 면회를 안가도 아들 부대에서 다 알아서 길 텐데."

한동안 기가 차서 말문이 막혀 노려보기만 하다가 결국 참지 못하고 고함을 질렀다.

"이렇게 무례할 수가! 당신이 언제 나를 겪어봤어? 세상 사람들이 다 당신 같은 줄 알아?

당신은 직장에서 불만이 있으면 중간계층을 무시하고 바로 사장이나 회장실에 쳐들어가서 이처럼 무례하게 구냐?"

헌병을 불러서 부대 밖으로 패대기쳐버릴까 하다가 화를 누르고 차분한 목소리로 말했다.

"좋소. 당신이 원하는 내 직권으로, 행정병 자리에 공석이 나면 당신 아들을 그곳으로 보내주겠소."

그러자 머리를 떨구고 있던 그의 아내가 반색을 하며 벌떡 일어났다.

"그러나! 한 가지 조건은, 훈련소를 수료한 행정특기 신병들이 전입해 오면 당신 아들을 즉시 빼서 원래 부대로 돌려보내겠소. 그러면 당신 아들은 두, 세 번의 이동으로 동료들에게 배척당하고, 이 때문에 혹 아들이 잘못되기라도 하면 이건 모두 당신 책임이라는 각서부터 쓰시오."

결국 그 부부는 얼굴을 붉으락푸르락하다가 한마디 사과나 인사도 없이 나가버렸다.

세상이 왜 이럴까? 근래엔 귀한 자식 때문에, 교사에 대한 학부모 갑질로 나라가 떠들썩했다. 군에서도 간혹 병사 개인의 잘못된 행위로 부대 지휘관들이 줄초상을 당하는 일도 있다.

귀한 자식들의 교육 책임은 우선하여 부모에게 있다. 또한 초등학교부터 대학에 이르기까지 수많은 교육기관과 교육부에도 그 책임이 있다. 이들이 하지 못한 인성교육을 군 지휘관에게만 책임을 묻는다는 건 공정하지 못하다.

내 자식만 귀하다? 이는, 배타적이라 주변의 질시와 사회로부터 소외만 초래한다. '귀하게'가 아니라 소중하게 키워야 한다. 소중한 만큼 사랑만 줄 게 아니라 사회에 잘 적응할 수 있도록 인성과 건전한 사고를, 사회성과 이타심을 갖추도록 부모들의 세심한 지도가 필요하다.

군부대의 정훈교육이나 정신교육도 군의 하급 간부에게만 의존하지 말고, 대국민 교육 차원에서 교육부에서 주도하여 부대 인근의 대학 교수진과 연계될 수 있도록 제도화하는 것이 바람직하지 싶다.

아이들은 놀이터에서도 외롭다

1960년대 초반, 소년 시절에 썼던 글 중에 이런 글이 있다.

오늘도 마을 안 공터에는 싸늘한 초겨울 날씨에도 아랑곳없이 꼬맹이들이 모여서 왁자지껄 놀고 있다.
머리털이 귀밑까지 엉성하게 얽힌 놈, 발목이 드러난 짧은 바지를 입은 놈, 제 발에는 커 보이는 낡은 운동화를 신은 놈. 개구쟁이들이 모여서 딱지를 치고 있다. 모두가 예닐곱 살 되어 보이는 녀석들이다.
딱지를 내려치는 바람에 먼지가 말끔히 쓸린 메마른 땅바닥 위에는 네모반듯한 딱지 몇 장이 널려 있다. 시커먼 때가 묻은 너절한 딱지 위에 그보다 큰 딱지 한 장이 비스듬히 얹혀 있다.
얼굴에 마른버짐이 핀 꼬맹이 하나가 좋아라 싱글거리면서 침을 바른 손에 딱지를 쥐고선 야무지게 내려친다. 그러나 이내 시무룩한 표정으로 물러서고 만다.
이번에는 형에게서 물려받은 듯한, 챙이 쭈그러진 흰 운동모에 검은 천으로 'A' 자가 오려 붙여진 낡은 모자를 쓴 꼬마가 큼직한 눈동자를 깜박이며 앞으로 나온다. 그러나 그 역시 넘기지 못하고 돌아선다.

"야! 이것 좋네."

"너 해!"

"빨리 해, 임마."

역시 꼬맹이들이라 잠시라도 입을 닫고 있을 수가 없는 모양이다.

추위에 새파래진 엉덩이를 드러낸 어린애 하나가 땅바닥을 기어오더니 딱지판 옆에서 푸드덕 노란 똥을 조금 갈겨 놓는다. 그만, 꼬맹이들은 병아리 부리 같은 입술을 내밀고선 제가끔 한마디씩 지껄이며 우르르 저쪽으로 몰려가버리고, 형인 듯한 녀석만 혼자 남아 울상을 짓고 있다.

"야! 갔다."

돌아보니 경열이란 놈이 기분 좋은 표정으로 딱지 한 장을 집어 들고 있다. 입술 위까지 흘러내린 콧물을 혀를 내밀어 냉큼 빨아들이고선 그것도 모르고 입술이 빙긋하기만 하다.

옆의 빈터에서는 여자애들이 고무줄넘기를 할 모양인지, 빙 둘러서서 발을 굴러가며 가위바위보를 하고 있다. 그러고는 이내 고무줄넘기를 시작한다.

"손~ 님이요, 들어오세요. 빨~ 리 빨~ 리 들어오세요."

어설픈, 그러나 동심을 울리는 정서가 깃든 리듬에 맞춰 아이들은 토끼 새끼처럼 단발머리를 달랑거리면서 폴짝폴짝 고무줄을 뛰어넘는다. 한 명이 나가고 나면 그다음 녀석이 리듬에 맞춰 몸을 앞뒤로 흔들다가 폴짝 뛰어든다.

그리고 저쪽 구석에서도 꼬마들 몇이 팽이채를 휘두르며 열심히 팽이 싸움을 시키고 있다.

어린이들이 놀고 있는 놀이터에는 아무런 놀이시설이 없다. 마을 안에 있던 낡은 초가집을 헐어낸 집터가 꼬맹이들의 제법 큼직한 놀이터가 되어버린 것이다. 그래서 온 마을의 꼬맹이들은 언제나 이곳에 몰려와서 왁자지껄 야단들이다.

우중충한 하늘은 빛 한 줄기 새지 않고 흐리기만 하다. 검게 드리운 구름 때문에 해는 넘어갔는지, 말았는지 알 수도 없다. 싸늘한 초겨울 바람이 아무렇게나 널려 있던 지푸라기를 무너진 흙담 밑으로 쓸어 붙이고선 빙그르르 돌고 있다.

그런데도 아이들은 추위도 잊은 채 뛰놀고 있다. 시골 마을 허름한 공터는 어린아이들이 쉴 새 없이 웃고 재잘대며 뛰노는 귀여운 천사들의 놀이터이다.

이제 어둠이 깔리기 시작한 놀이터는 어깨가 으쓱하리만치 춥다. 아이들은 이미 하나둘, 그들의 집으로 돌아가버렸다. 지금쯤 오늘 하루의 일을 신명나게 재잘대면서 밥상머리에 둘러앉아 있겠지.

나는, 이미 애늙은이가 되어버린 나는 그들의 동심을 어느 구석에선가 풍기는 듯한 이 텅 빈 놀이터가 그래도 좋아서 발을 옮길 줄 모르고 서 있다.

어느덧 많은 세월이 흘렀다. 그때의 애늙은이는 이제 정말 늙은이가 되어버렸다.

가끔 딸애가 유치원에 다니는 손자를 데리고 온다. 그럴 때면 녀석의 눈웃음 짓는 모습이 귀여워 볼을 꼬집으며 한동안 어울려서 논다. 그러나 이제는 사내아이와 놀기에 힘이 부쳐서, 혼자 놀게 내버려두고 슬그머니 내 방으로 들어오곤 한다.

어느 날 녀석이 혼자서 텔레비전을 보다가, 장난감을 만지작거리다가 싫증이 나는지 아파트 놀이터에 가자고 졸랐다.

빌딩숲으로 둘러싸인 놀이터는 아이들의 뛰노는 소리도 없이 군데군데 잡초만 돋아 있어 한적했다. 미끄럼틀에는 여자아이 혼자 놀고 있고, 젊은 엄마는 벤치에 앉아서 지켜보고만 있었다.

"하라부지, 그네 태워줘요."

"응."

그네에 앉히고서 녀석의 작은 등을 두 손바닥으로 감싸 쥐었다. 야들야들하고 여린 등이 손바닥 안으로 쏘옥 들어왔다. 부드럽고 따스한 촉감. 핏줄이 통하는지 마음이 빨려 들어가는 듯했다.

형제가 없이 아이 혼자 자라는 가정은 부모가 아무리 잘 키운다 해도 어딘지 모르게 외로워 보인다. 안쓰러운 마음에 꼭 껴안아주려고 하니 바스러질 것 같았다.

슬며시 겨드랑이 밑으로 손가락을 넣어 간질이기 시작했다.

"헤헤, 하라부지. 간지러워요."

녀석이 허리를 비틀었다.

"녀석아, 내 손가락이 더 간지럽다."

"아이, 그런 말이 어디 있어요. 헤헤, 장난 그만하고 어서 밀어줘요."

천천히, 조금씩 밀기 시작했다. 밀고 또 밀고, 갈수록 더 멀리 밀었다. 그넷줄을 움켜쥔 녀석의 두 팔에 힘이 주어졌다.

등줄에서 여린 힘줄이 솟아오르는 생동감이 손바닥에 느껴졌다. 녀석에게 스며 있던 내 DNA가 손바닥을 타고 내게로 역류했다. 꼬맹이 손자와 다시 어려진 할아버지가 하나가 되었다.

그네가 더 높이 구름 위로 올랐다. 시간도 거꾸로 날아올랐다. 나도 어린 시절로 되돌아가 그네를 타고 올랐다.

그런데 갑자기,

"하라부지, 나 시소 탈 거야."

"응? 그으~래."

얼마 되지도 않았는데 녀석은 그네 타기가 시들해진 모양이었다. 나는 한순간에 추락하여 다시 할아버지로 되돌아왔다.

손자와 할아버지가 시소를 탔다. 그러나 균형이 맞지 않아서 앞으로 바짝 당겨 앉은 할아버지는 무릎만 아팠다. 손자 녀석은 그것도 금세 싫증이 나는지 슬며시 일어서더니 미끄럼틀로 가버렸다.

요즘 어린이 놀이터에는 함께 어울려서 뛰어놀 동무가 없다.

아이들은 보호자의 시선 아래 놀이시설을 동무 삼아 별로 재미없는 표정으로 혼자서만 논다. 그러니 혼자 하는 놀이에 신명이 날 리도 없다. 아이들은 놀이터에서도 외롭다.

  옛날 시골 마을 아이들은 또래끼리 어울려 흥겹게 뛰놀면서 규칙과 질서를, 어울림을 자연스레 체득하며 성장했다. 놀이시설 하나 없어도 왁자지껄했던, 동심이 어울려 정이 얽히던 천사들의 옛 놀이터가 아쉽다.

품에 안긴 손자

그래, 실컷 울어라

매미 소리가 요란하다.
밤은 깊은데,
"매앰~ 매앰~ 매앰~."
"맴~ 맴~ 맴~."
밤의 정적이 몸살을 앓는다.

지금 밤이 몇 신데,
밤공기는 후텁지근하고 온몸에 땀은 끈적끈적한데
잠은 아니 오고 머리는 몽롱한데
너마저 지랄하면 내 잠은 어쩌라고.

하긴, 너도 억울하기도 하겠다.
오랜 세월 암흑에 갇혀 있다, 겨우 한 달도 못 살고 가는 삶.
그런데,

기껏 열 달 기다렸다 백 년을 바라본다는 인간.

그것도 복에 겨워 더 잘 살겠다 주접떨고

허구한 날 쌈질만 일삼는 인간들 보니 억울하기도 하겠지.

막힌 가슴 다소라도 터질 수 있다면

하소연할 짝이라도 찾을 수 있다면

그래, 실컷 울어라. 목이 터져라 울어라.

오늘 또 하루, 내 잠 못 잔들 어떠랴.

떠난 자의 뒷마당

 외줄기로 피어오르는 향불 연기가 사라지면서 그윽한 향내가 실내에 짙게 깔린다. 희미하게 일렁이는 촛불 아래, 일생을 사회적인 선망과 질시의 대상으로 살다 간 어느 주검이 있다.
 상가를 찾는 조문객들은 잘 포장된 근엄한 표정으로 고인의 영전에 명복을 빌면서 의례적인 위로의 인사말을 건넨다. 상주들은 피로에 지친 듯 무표정한 모습들이다.
 오후 내내 북적대던 상가에도 밤이 깊어지자 조문객들의 발길이 뜸해지면서, 실내에는 밤샘을 할 작정인 가까운 친지들만이 여기저기 그룹을 지어 앉아 있다.
 고인의 생전 행적에 대한 덕담들이 들린다. 주검 앞에서는 모든 사람들의 마음이 너그러워지는가 보다. 그러나 시간이 지날수록 그들의 화제도 일상적인 관심사로 쏠리고 고인은 관심 밖으로 밀려나 있다. 가끔씩은 웃음소리도 들린다. 슬픔도 잠시일 뿐, 사람들에게서 그는 벌써 잊혀가고 있다.

고인이 생전에 이루었던 일이나 걸어온 길이 이제 와서 그에게 무슨 의미가 있으며, 남겨진 가족에게도 그의 존재가 어떤 의미를 남겼을까. 그러나 이 모든 것은 이미 그와는 무관한 것이 되어버렸고 이제는 남아 있는 자들의 이해관계만 얽혀 있을 뿐, 떠난 자는 자신이 평생 집착했던 모든 것을 버리고 그냥 가버렸다.

인생살이가 서러운 사람들의 상가에 가면, 진정 그의 죽음을 애통해하는 혈육과 친지들의 흐느낌에 주변 사람들도 눈시울을 적시곤 하지만, 유명 인사의 마지막 가는 길은 너무나 의례적이고 덤덤하기만 하다.

상가를 나서는 조문객들은 밀렸던 빚이라도 갚았다는 듯 홀가분한 마음으로 고인의 잔영殘影을 훌훌 털어버리고선 주차장을 찾는 발길이 바쁘다. 언젠가는 자신에게도 죽음이 찾아오리란 것은 꿈에도 생각지 않고서.

오늘도 세상은 여전히 시끄럽기만 하다. 질주하는 차량들, 인파의 소음, 방송이나 신문지상의 너 죽고 나 살기식 아비규환. 나만이 잘 산다 하여 얼마나 행복해질 것이며, 무엇을 더 얻겠다는 것인지. 머잖아 이 모두가 너무나 쉽게 잊힐 것을.

거리에 나와도 세상 전체가 장례식장같이 어둡고 우울할 때가 있다. 무엇을 위한 삶인지, 아니면 살아가는 것 자체가 삶의 목적인지, 인생에 정답이 있기는 한 걸까.

입원실 환자는 괴롭다

"강 집사님이요? 나, 오 권사요."

"여기? 병~원."

"괜찮아요. 근데 의사가 잠시 입원하라고 해서."

"아니, 올 거 없어요. 번거롭게 다른 사람한테는 연락하지 말고. 그냥, 집사님만 알고 있어요. 허허."

그러고선 입원실 환자들에게 들으라는지, 혼자 중얼거린다.

"허허, 오지 말라는데도 오겠다는구먼."

오늘만 해도 벌써 여러 사람에게 전화를 해서 그들이 다녀갔는데도, 노인네의 계속되는 전화 소리에 하루 종일 입원실이 시끄럽다.

며칠간 문병객 한 명 없이 누워 있던 비쩍 마른 환자가 부러운지 아첨 한마디 한다.

"그 연세에 아직도 지인들이 많으신 모양이지요?"

"아니, 뭐. 그냥 사람들이 워낙 따르다 보니. 허허."

노인네는 보란 듯 으스대며 병실 사람들을 휘익 둘러본다.

노인네 곁에 의자를 붙여놓고 앉아 있는, 신경질적인 표정에 눈이 퀭한 그의 아내는 가끔 의자로 옆에 있는 내 침대를 툭툭 치곤 한다. 그럴 때마다 나는 수술 부위에 통증이 오고, 뒷골도 흔들린다.

"할머니, 의자 좀 밀치지 마세요."

"특실은 넓어서 좋았는데…, 이번엔 빈방이 없대서 잠시 있는 건데, 이거 영 불편해서 원!"

미안하단 말은 한마디 없이, 엉뚱하게도 자기들은 이런 누추한 곳에 있을 신분이 아니라고 은근히 과시를 한다.

이 할멈은 병실에서 먹고 잔다. 잠시도 가만있지 못하고 부스럭대는 바람에 바로 옆에 있는 나는 밤에도 잠을 설치기 일쑤다. 그런데도 시종 불편하다고 투덜대면서 입원실 환자들에겐 불쾌한 표정만 짓는다. 그러다가도 영감님께는 한순간에 표정이 바뀌면서 곰살스럽게 군다.

일요일 오후, 한 집단의 교인들이 거침없이 입원실 문을 열고 들어선다. 마치 자기들 안방에 들어오는 것처럼. 좁은 공간에 서고, 앉아서 목사님, 권사님 하며 왁자지껄하다. 다른 환자들은 안중에도 없다.

이윽고 "하나님 아버지…"로 시작된 기도는 한없이 계속된다. 끝날 듯, 끝날 듯하면서도 다시 구성지게, 그러다 우렁차게 클라이맥스까지 올라간다.

이제 끝나나 했더니, 새로운 소란이 이어진다.

"권사님, 이거 드세요."

"예, 고맙습니다. 집사님, 아니 목사님부터 먼저 드시죠."

"전 괜찮습니다."

성경을 얌전하게 받쳐 든 젊은 목사가 반지르르한 얼굴에 근엄한 표정을 지으며 사양한다. 새내기 부목사인가 보다. 목사 티를 내기에는 아직은 어색하기만 하다.

음식을 앞에 놓고, 또 기도하고 웃고 떠든다. 그러면서 병실의 다른 환자들에겐 떡고물 하나 없다. 요즘은 하느님 나라에도 불경기인가 보다. 아니면, 무교나 종파가 다른 사람은 하느님 나라 시민의 눈에는 보이지 않는 걸까.

마침내 썰물처럼 그들이 물러갔다. 정신이 하나도 없다. 갑자기 주위가 적막해진다. 맞은편에 누워 있던 핏기 없이 핼쑥한 중년의 위 수술 환자는 소란 때문에 잠시 기절했는지 기척이 없다. 초라한 차림새의 그의 아내도 얼빠진 표정으로 멍하니 천장만 쳐다보고 있다.

이때 아첨꾼이 비릿한 웃음을 지으며 적막을 깨고 또 한마디 한다.

"어디 교회십니까?"

"아 뭐, ○○에 있는 ○○교회라오."

"아~ 대단하시네요. 정말 좋은 교회 다니십니다. 저는 변두리에 있는 워낙 작은 교회라서…."

변두리 작은 교회는 나쁜 교회지, 아첨꾼은 부러워서 다시 한번 기가 죽는다.

허세를 부리거나 굽실거리는 인간군상은 병실에서도 여전하다. 아픈 동안이나마 잠시 자신을 돌아보지 못하고서. 그들은 육체보다도 정신이 더 병들었는지도 모르겠다.

병원 입원실도 환자가 편히 쉴 수 있는 장소는 아닌가 보다. 밤낮으로 문병객들이 들락거리면서 소란을 피운다. 입원실이 아니라 집단 수용소 같다. 그런데도 환자를 안정시키고 보호해야 할 병원 측은 어떠한 조치도 않고 있다.

거기에다 병원 직원들은 '드라큘라' 후손들 같다. 하루에도 네댓 번씩 피를 뽑아간다. 그것도 매일같이, 아무런 설명도 없이. 오래된 환자들은 얼굴이 하얗게 변해간다. 병원의 영양식이라는 게 피를 얼마나 보충해주는지는 모르겠다.

사지는 멀쩡한데 병상에 누워 있으려니 짜증스럽기만 하다. 나가서 담배라도 한 대 피웠으면 싶다. 그런데 병원에선 담배 피울 장소가 없다. 정문을 나가면 담장 옆에 작은 틈새 공원이 있다.

바람 쐬러 나가는 체, 덤덤한 표정으로 병실을 나선다. 후줄근한 환자복으로 링거 병이 두 개나 매달린 폴대를 끌고서 어슬렁거리며 나간다. 병원 밖으로 나오니 저녁 바람이 선선하다. 오히려 바깥이 살 것 같다.

어둑한 나무 그늘에 앉아서 담배 한 모금을 깊숙이 빨아들인다. 하루 종일 참았던 터라 머리가 몽롱해지면서 어지럽다가 나른한 평화가 찾아온다.

지나던 노인이 흘깃 쳐다본다. 젊은 아줌마도 묘한 표정으로 쳐다본다. 그들의 눈초리가 예사롭지 않다. 아주 밉살스럽다.

"환자 주제에 아직도 정신을 못 차리다니, 쯧쯧."

혀 차는 소리가 들리는 것 같다. 그만 슬그머니 돌아앉아 버린다. 그래도 뒤통수가 간지럽다.

숨어서 피우다시피 하는 담배는 느긋하게 피지 못하고, 붕어처럼 자주 뻐끔거리게 마련이다. 그러다 보니 그 모습이 궁상스럽고 초라하게 보일 게다. 체면이 말이 아니다. 담배 장사는 국가가 하면서 흡연자를 왜 이리도 몰아세우는지, 흉악범에게도 인권이 있다던데….

또 한 모금 빨아들여서 한숨을 내쉬듯 공중으로 길게 내뿜는다. 그런데 시선을 사로잡는 것이 있다.

공원 조경을 하느라 옮겨 심은, 십여 그루의 소나무마다 링거 병이 두세 개씩 매달려 있고 주사기가 꽂혀 있다. 몸통이 훤칠하게 뻗어 올라간 적송 솔잎은 이미 누렇게 변해 있다. 모두 중병에 걸려 있는 것이다.

청정 지역에서 평화롭게 살다가 느닷없이 객지에 끌려와서 골골하고 있는 나무들, 그 모습이 나를 닮았다.

어쩌면, 나는 인체의 질병뿐만 아니라 사회적 병폐로 가득 찬 종합병동 사회에서 살고 있는지도 모르겠다. 우울한 기분으로 들어오는데 미처 보지 못했던, 병원 담장에 써 붙인 글자가 눈에 띈다.

"병원 앞에서 담배를 피우지 마세요. 환자가 싫어합니다."

이런, 젠장! 난 환자가 아닌가?

이제 보니, 병원 측에서도 환자를 위해 어느 정도 신경은 쓰고 있었나 보다. 행동이 아니라 아주 짧은 글귀 하나로.

돼지 멱따기

어릴 적 내 고향에선 명절이면 마을 사람들이 공동으로 돼지를 잡았다. 일 년 내내 고기 맛을 보기가 어려웠던 궁핍한 시절이어서, 명절이 되어서야 집마다 한 근씩, 비교적 잘사는 집은 두세 근씩 나누어 가졌다.

돼지를 잡을 때는 네 다리를 꽁꽁 묶어 놓고서 장정 서넛이 무릎으로 깔아 눌렀다. 그러고선 시퍼렇게 날이 선 칼로 돼지 멱을 따고는 몸속의 피가 다 빠질 때까지 칼을 꽂아 비틀어대었다.

돼지 비명소리가 온 마을 골목길을 울리면 호기심 어린 동네 조무래기들이 구경하러 몰려들곤 했다. 돼지는 고통스럽게 몸부림치며 비명을 지르다 서서히 죽어갔다.

요즘 우리 사회에서 이런 방법으로 돼지를 잡는 광경이 연출된다면 어떤 반응이 나올까?

동물 애호가들은 그런 잔인한 방법이 어디 있느냐며 시위를 한다. 어느 이해집단에서는 허가된 도축장에서 잡아야지, 이건 불법이다. 또 어떤 집단은 생고기 맛에 군침을 흘리며 이왕 잡았으니 구워 먹기나 하자, 라고 하겠지.

이렇게 중구난방으로 서로 헐뜯게 되면 돼지를 잡자고 모의했던 사람들은 비난의 핵심에서 비켜서고, 도축 방법이나 돼지가 논쟁의 중심이 되어 세상은 뭐가 뭔지 모르게 소란해진다.

사회적인 비난과 반목으로 온통 나라가 시끄러워지면 드디어 노회한 정치꾼이 전면에 등장한다. 자신은 이해관계가 없이 공평무사한 척, 이 정도에서 마무리하고 민생이나 챙기자며 슬그머니 없던 일로 해버린다.

요즘 우리 국민들은 목이 마르다. 답답한 가슴에 한 줄기 희망의 빛을 비춰줄 인물에 목말라 있다. 그러나 그러한 인물이 등장할 기미가 있으면 어김없이 멱을 따고선 그가 이룩해 놓은 성과를 한두 근씩 슬며시 나눠 갖는다.

거기엔 항상 날파리가 날아든다.

겨울꽃

 해마다 찬바람이 불기 시작할 때면, 우리 아파트 골목에는 젊은 호떡 장수 부부가 철새처럼 찾아왔다.

 어느 해, 밤늦게 집으로 돌아오다가 골목 입구에서 그들을 처음 보았다. 젊은 여인이 장난감처럼 작은 일 톤 트럭에 앉아서 호떡을 굽고 있었다.

 흐린 불빛 아래 다소곳이 앉아 있는 새댁. 조그마한 얼굴에 하얀 피부, 볼그레한 볼, 그리고 새까만 눈동자가 인형 같았다. 두터운 목도리에 묻혀서 웅크리고 있는 그녀가 안쓰러운지 찬바람도 피해 가는 듯, 주변에는 훈훈한 기운이 어린것처럼 보였다.

 선머슴처럼 투박하게 생긴 그의 남편은 애처로운 듯, 멋쩍은 듯한 표정으로 주변을 서성이며 뒷바라지를 하고 있었다. 곱상한 그녀가 엄청 밑진다는 생각이 들기도 했지만, 그녀를 바라보는 선머슴의 그윽한 눈길에는 애틋한 마음이 가득 담겨 있어 다행스러웠다.

나는 어린 시절에 어쩌다 호떡이나 붕어빵을 맛보게 되는 날은 하루 종일 행복했다. 궁핍했던 시절에 그 달콤한 맛이란…. 그래서 요즘도 거리에서 호떡이나 붕어빵 장수를 보면 행복했던 추억에 이끌려 발걸음이 저절로 다가간다.

"천 원에 몇 개요?"

"…."

새댁은 말없이 고사리처럼 앙증스런 손가락 두 개를 펼쳐 보이며 보조개 진 웃음을 지었다. 처음 하는 장사여서 몹시 수줍음을 타는가 보다 생각했다.

"삼천 원어치만 줘요."

남편이 얼른 다가와서 종이봉투를 찾아 새댁에게 건넸다. 새댁은 따뜻한 것으로 골라서 봉투에 넣어 건네며 고개를 숙여 고마워했다. 선머슴도 허리를 꾸벅하고선 황소처럼 싱긋 웃었다.

며칠 뒤, 역시 늦은 시간에 돌아오는데 마침 손님이 없는지, 그들은 키득거리면서 양 손가락을 빠르게 놀리며 장난을 치고 있었다. 그러다가 새댁이 선머슴 어깨를 때리자 사내가 아픈 시늉을 하며 달아났다.

호기심에 한동안 쳐다보고 있으니, 이런! 수화로 농담을 주고받는 것이었다. 그들은 청각장애인 부부였다. 썰렁한 겨울

바람이 골목을 휩쓸고 있었지만, 그들은 봄바람 쐬러 나온 연인들처럼 행복해 보였다.

그 뒤로도 가끔 보면 부부는 연신 수화를 주고받으며 얼굴에 장난기가 떠나지 않았다. 추운 길거리에서 장사를 하면서도 구김살 하나 없이 밝은 그들을 보니 가난과 장애가 행복에 걸림돌이 되진 않는 것 같았다.

손님을 대할 때도 언제나 기쁜 표정으로 고개를 숙여 고마움을 표시했다. 가끔 들르는 나에겐 단골 대우를 하는지, 호떡 봉지를 내밀 때는 꽃처럼 환한 미소를 한 송이씩 덤으로 주었다.

손님들이 내미는 천 원짜리 몇 장에도 고마워하고, 서로 도우며 일하는 보람에 진정으로 즐거워하는 그들의 반짝이는 얼굴은 꽃처럼 아름다웠다. 그들 부부는 겨울이면 우리 아파트 골목에서 피어나는 싱그러운 꽃이었다.

그러던 그들이 어느 해부턴가 보이지 않았다. 어쩌다 생각이 날 때면 궁금했지만 아이를 가졌을까, 돈을 모아 가게를 차리고 안주했는가, 하고 오히려 잘된 일이라 생각했다.

그러다가 오륙 년 정도 지났을까, 지난겨울에는 한동안 병원을 다녀야 할 일이 생겼다. 어느 날 병원에 다녀오는데, 한낮인데도 번잡한 길가에 호떡을 파는 트럭이 보였다. 곁을 지나치다 보니, 바로 지난날의 그들 같았다. 반가운 마음에 다가가 웃으며 이천 원을 내밀었다.

그런데, 해맑고 곱상했던 그녀는 꺼칠하고 기미 낀 얼굴에 펑퍼짐한 몸매의 아줌마로 변해 있었다. 더구나 그녀의 얼굴은 어둡고 짜증스런 표정이었다. 손님을 맞이하면서도 지난날의 밝은 웃음은 사라지고, 시선을 아래로 깔고선 호떡만 내밀었다.

선머슴처럼 황소 웃음을 짓던 그의 사내도 저만치 떨어져서 음울한 표정으로 지나는 차량만 멀거니 쳐다보고 있었다.

그 후로는 그들을 대하기가 민망하여 그냥 지나쳤지만, 수화마저 잃어버린 그들의 무표정한 얼굴에는 고단한 삶의 그늘이 짙게 드리워져 있었다. 무심한 세월도 그들의 사랑을 시샘한 것인가, 아니면 장애인이 살아가기에 이 세상은 아직도 혹독한 겨울의 연속이던가.

언제까지나 시들지 않을 것 같던 겨울꽃이 그렇게 지고 있었다.

아무리 우리 사회가 각박하다지만
평범한 서민들의 삶과 마주하다 보면
그곳엔 온기가 있고 눈물이 있다.
그래도 아직은 희망이 있는, 살 만한 세상이다.

2. 그래도 살 만한 세상

곡예사의 사랑

포장마차

별꽃 같은 여인

이런, 실수할 뻔했네

따뜻한 벽보

시골 장터 풍경

그녀는 왜 술을 마실까

미안해, 내 손을 잡아

교통순경도 고향에선 반갑다

이런 이발소 보셨나요?

곡예사의 사랑

가끔, 난간에 걸터앉아서 강물과 건너편 산을 번갈아 바라본다.

오늘은 강물이 어떤 새들을 불러들이는지, 산은 또 어떤 표정을 짓고 있는지 유심히 바라본다. 강촌의 풍광은 아침저녁으로, 또한 계절 따라 달라지기 때문이다.

앞산의 나지막한 능선은 물결처럼 부드러운 파도를 일으키며 남으로 흐르다 잦아들고, 강물은 산그늘을 품고 흐르다가 잦아든 능선 뒤로 굽이지며 숨어버린다. 아니, 산골짜기 아늑한 품속으로 강물이 깊숙이 파고들어 강과 산이 하나가 되어버린다.

그런데 강변을 따라 가설된 전깃줄이 산을 아래위로 잘라놓아 경관을 훼손시키고 있다. 하필이면 강변 쪽으로 전선을 설치하다니, 혼자 불평을 했었다. 그러다가 언제부턴가, 마냥 불평만 할 일이 아니라는 것을 알게 되었다. 그것도 이미 자연의 일부가 되어 있었던 것이다.

이곳 강촌에 서식하는 참새와 까치, 산비둘기, 그리고 이름 모를 산새들이 수시로 몇 마리씩 혹은 떼를 지어 전깃줄에 앉아서 강물을 내려다보며 쉬거나 깃털을 고른다. 때로는 지나가는 새들조차 잠시 머물면서 청량한 소리로 노래를 부르곤 한다. 전깃줄은 그들의 휴식처인 것이다.

특히 이른 아침이면 여러 종류의 새들이 어울려 맑은 소리로 노래한다. 하루의 아침을 상쾌한 기분으로 맞이하게 해준다.

봄볕이 화사한 어느 날, 산비둘기 두 마리가 전깃줄에 앉아 있었다. 웬일인지 녀석들은 멀찍이 떨어져서, 한 녀석은 앞산을 향하고 또 한 녀석은 내 쪽을 바라보며 서로에게 관심이 없는 척했다.

무심코 강물에서 소란스럽게 자맥질하는 물오리 떼를 보다가 얼핏 산비둘기 쪽을 쳐다보니 두 녀석의 간격이 상당히 좁혀져 있었다. 가만히 보고 있으려니, 덩치가 다소 작은 수컷이 시선은 엉뚱한 곳을 향한 채 옆걸음으로 조금씩 암컷 쪽으로 다가가고 있었다. 그러다가 이따금 암컷을 힐끔 쳐다보고는 잠시 딴청을 부리다가 또다시 옆걸음질을 하고 있었다. 여인에게 작업을 걸기 위해 슬금슬금 다가가는 엉큼한 사내 하나가 거기에 있었다.

그래도 시치미를 떼고서 먼 산만 바라보고 있는 여인. 관심이 없는지, 모른 척하는 건지 의뭉스럽기만 했다. 마침내 사내가 바짝 다가가도 자리를 피하지 않았다.

사내는 망설이지 않고 부리로 여인의 목덜미에서부터 아래턱 쪽으로 서서히 애무를 하기 시작했다. 부드럽게 그러다 격렬하게. 여인은 수줍은 듯 가만히 있다가 슬슬 오금이 저려오는지 목을 길게 빼어 도리질하더니 온몸의 깃털을 바르르 떨었다. 드디어 그녀도 못 견디겠는지 사내의 목덜미를 열렬히 애무하기 시작했다.

"내숭 떨지 말고 진작 그럴 것이지."

"아이, 모올~라."

여인의 비음이 섞인 목소리가 어디선가 들리는 듯했다.

사내가 빙긋 웃으며 폴짝 날아올라 여인의 위에 올라탄다. 날개를 퍼덕거리며 쾌락의 정점을 향해 치닫는다. 창공을 가로지른 외줄 위에서 곡예사의 현란한 사랑이 펼쳐진다. 여인은 신음소리 한 번 내지 않고 외줄만 움켜잡고 자지러진다. 드디어 그들도 하나가 되어버린다. 가느다란 전깃줄이 흔들리지도 않는다.

'햐, 요놈들 봐라. 빤히 보고 있는 데서….'

그러나, 하늘은 환하게 웃으며 새 생명의 점지를 축하해주고 있다. 구름은 못 본 척 지나가고, 강물도 히죽히죽 웃으며 흘러간다.

사랑은 모든 생명의 원초적 본능, 부끄러울 게 뭐 있으랴. 무구한 사랑의 향연이 강촌의 아침 공기를 상큼하게 정화시키고 있었다.

작품평

관찰력과 상상력 빛을 발하다
– 〈곡예사의 사랑〉을 읽고

윤온강 (수필가)

〈곡예사의 사랑〉은 특별한 주장이 없다. 말하자면 '말하는 것'이 아니라 '보여주는' 수필이다. 만약 어떤 주장이 있다면 그것은 보여주는 이야기 속에 녹아 있다고 봐야 한다.

강가 호젓한 곳에 조그만 집을 짓고 사는 작가는 마당에 있는 난간에 걸터앉아 강과 산을 바라보며 소일한다. 나지막한 산 앞에 조용히 흐르는 강물을 바라보며 자연 풍광에 취해 있던 작가의 눈에 강변 전깃줄에 올라앉아 있는 산비둘기 두 마리가 눈에 띈다.

그중 수컷은 관심이 없는 척 딴전을 부리며 슬금슬금 암컷에게 다가간다. 어느 순간 그 수컷의 모습은 인간 사내로 보인다. 또 그런 수컷의 엉큼한 속내를 알면서도 먼 산을 바라보는 척 짐짓 시치미를 떼는 암컷도 작가의 눈에는 인간의 여인으로 보이기 시작한다.

사내는 망설이지 않고 부리로 여인의 목덜미에서부터 아래턱 쪽으로 서서히 애무하기 시작했다. 부드럽게 그리고 격렬하게. 여인은 수줍은 듯 가만히 있다가 슬슬 오금이 저려 오는지 목을 길게 빼어 도리질하더니 온몸의 깃털을 바르르 떨었다. 드디어 그녀도 못 견디겠는지 사내의 목덜미를 열렬히 애무하기 시작했다.
"내숭 떨지 말고 진작 그럴 것이지."
" 아이, 모올~라."
여인의 비음이 섞인 목소리가 어디선가 들리는 듯했다.
사내가 빙긋 웃으며 폴짝 날아올라 여인의 위에 올라탄다. 날개를 퍼덕거리며 쾌락의 정점을 향해 치닫는다. 창공을 가로지른 외줄 위에서 곡예사의 현란한 사랑이 펼쳐진다. 여인은 신음 한 번 내지 않고 외줄만 움켜잡고 자지러진다. 드디어 그들은 하나가 되어버린다. 가느다란 전깃줄이 흔들리지도 않는다.

산비둘기들이 교접하는 광경을 마치 인간의 사랑 장면처럼 묘사한 데 이 글의 묘미가 있다. 그리고 그것이 신선한 느낌을 준다. 그들을 관찰하고 있는 작가가 완전히 몰입되지 않고 일정한 거리를 둔 채 묘사하고 있는 까닭이다. 산비둘기들의 그런 자연스런 행위에 대한 작가의 따뜻한 시선이 있기에 가능한 일이다.
"햐. 요놈들 봐라. 빤히 보고 있는 데서…." 하고 빙긋이 웃고 있는 작가의 모습이 보인다. 강과 산이 어우러진 풍광 속에서 벌어지는 산비둘기의 사랑 행위와 그들을 바라보고 있는 작가의 모습까지가 어우려져서 드디어 한 폭의 산수화가 완성된다.

이 글의 작가는 삶의 방식에 대해 고민하지 않는다. 이렇게 자연과 합일의 경지에서 사는 삶이 어떠냐고 독자들에게 넌지시 물을 뿐이다. 이 글을 읽는 독자는 이런 생활을 부러워할지도 모른다. 하지만 그것은 어디까지나 독자의 몫으로 남겨둔다.

헤밍웨이는 "작가는 경험, 관찰, 상상력이라는 세 가지를 필요로 합니다. 이 중의 두 가지 또는 한 가지가 다른 것의 결여를 보충해줄 수 있습니다."라고 말했다. 이 글에서는 특히 작가의 관찰력과 상상력이 빛을 발하고 있다.

간결하고 부드러운 문장도 수필의 품격을 잘 살려주고 있다. 유쾌하고 상큼한 수필 한 편 읽는 것은 기분 좋은 일이다.

〈에세이문학 제127호〉

포장마차

 찬바람이 술렁이는 겨울 밤거리에는 잔뜩 움츠린 모습의 차량들이 꽁무니에서 하얀 연기를 날리면서 질주하고 있다. 하루 벌이에 지친 택시 기사들도 애타게 손을 치켜드는 손님들을 외면한 채 제 갈 길이 바쁜데, 늦은 밤거리에는 발을 동동 구르며 택시를 잡으려는 사람들만 엉켜 다닌다.

 가로등 불빛마저 싸늘하게 식은 거리에는 골목길 포장마차에서 새어 나오는 불그레한 불빛이 발걸음이 허전한 사람들을 유혹하고 있다.

 포장을 젖히고 안으로 들어서니, 허름한 차림의 중년 사내가 가락국수 그릇을 들고는 코를 처박고서 후루룩거리고 있다. 이미 그의 앞에는 빈 소주병과 바닥이 난 안주 접시가 놓여 있다.

 한쪽에는 진한 화장을 한 아가씨 셋이 담배 연기 속에 소주잔을 기울이면서 주위는 아랑곳없이 흥분해 있다. 차림새나 말투로 보아 술집에 나가는 아가씨들 같다. 도로 나갈까, 잠시 망설이다 의자에 걸터앉으며 주문을 한다.

"아주머니, 소주 한 병."

"네- 에, 안주는 뭘로 드릴까요?"

장사에 익숙지 않은 듯한 곱살스런 주인아주머니의 얼굴에 어색한 미소가 돈다.

"꼼장어 하나 하고…."

추가로 무얼 더 시킬지, 선뜻 판단이 서지 않는다. 진열대 안에는 꼼장어, 오징어, 닭발, 꽁치 같은 소주 안주로는 그럴싸한 것들이 형광 불빛을 받으며 구미를 돋우고 있다.

"아주머니 좋을 대로, 한 가지만 더 주시오."

시켜놓고 보니, 바보 같은 주문을 한 것 같기도 하다.

이내 석쇠 위에서는 연기와 더불어 불똥을 튕기며 꼼장어가 지글지글 익어간다. 동시에 구수한 냄새가 포장 안을 맴돌다 골목으로 퍼져나간다.

밖에서 보는 포장마차 불빛은 따스한 느낌으로 사람들을 유혹하지만 막상 포장 안에 앉아 있으면 무릎부터 시려오고, 포장 자락이 바람에 펄럭일 때마다 찬바람이 밀고 들어와서 목덜미마저 서늘해진다.

그래도 나는 포장마차가 정겨워서 좋다. 이곳에는 소박한 사람들의 체취가 스며 있고, 그들의 가슴 저린 이야기와 구수한 애기들이 밤이 이슥하도록 두런거려서 좋다.

　포장마차에는 주로 주머니가 가벼운 사람들이 하루의 피로를 달래기 위해서 들른다. 초저녁 무렵에는 지나가는 길손이나 젊은 연인들이 재미 삼아 들르기도 하지만, 밤이 늦을수록 인생의 고통을 피부로 느끼는, 고달픈 삶을 사는 사람들이 즐겨 찾는다.

　술에 취한 늙수그레한 아저씨도 들어오고, 아직도 저녁 한 끼를 때우지 못한 막노동꾼이 들르며, 밤늦게 퇴근하는 인근 술집의 아가씨들이 서러움을 달래고 그날의 짓궂었던 술손님 욕풀이를 하기 위해서도 들른다. 그들의 주고받는 말 사이사이의 귀동냥에서, 피곤한 표정에서 내 마음이 아프다가 아가씨들의 거침없는 욕질에 가슴이 후련해진다.

　그들이 포장마차에서 마시는 소주는, 어쩌면 그 맛보다도 세상살이 시름을 한 잔 술로 털어버리려는 심정으로 마시는지도 모른다.

　나는 포장마차에서 느낄 수 있는 소박한 사람들의 체취가 정겨워서 좋고, 추위에 볼그레해진 두 뺨을 비비며 꿋꿋이 살아가는 주인아주머니의 건강한 삶이 아름다워서 좋다. 게다가 드물기는 하지만, 따뜻한 정을 느낄 수 있는 잠시 동안의 술친구를 만나기도 하여서 좋다.

　또한, 나는 포장마차에서 혼자 마시는 소주 맛을 좋아한다.

하얀 김이 모락모락 솟아오르는 포장 안에 웅크리고 앉아서 추위에 떨며 홀짝홀짝 마시는 소주 맛을 좋아한다.

적은 돈으로 구미에 당기는 안주를 이것저것 조금씩 골라서 맛볼 수 있어서 좋고, 따끈한 가락국수를 후룩후룩 먹는 맛이 또한 좋다.

더구나 포장마차에선 말대꾸해줘야 하는 상대가 없어서 좋고, 혼자 웅크리고 앉아 있어도 다 같이 가련한 인생이라 어색하지 않아서 좋고, 담배 연기 속에 처량한 심정으로 옛날을 곱씹을 수 있어서 좋다.

나는 밤거리를 지나다가 포장마차를 보면, 부나비처럼 따스한 불빛에 이끌려 저절로 들어서게 된다. 때로는 밤중에 출출하기라도 하면 혼자 찾아가기도 한다.

하지만 요즘은 단속 탓인지, 서민들의 골목에서 포장마차를 보기도 어렵게 되었다. 이제 내 가난한 이웃들은 어디서 하루의 시름을 달래고 있을까.

별꽃 같은 여인

어디에 있어도 눈에 띄는 한 여인이 있다.

작은 풀꽃처럼 숨어 있어도 이내 사람들에게 들키고 만다. 단아한 외모, 까르륵거리는 밝은 웃음소리, 이제 막 말을 배우기 시작한 어린애같이 앳되고 어눌한 발음.

언젠가 그녀에게 전할 말이 있어 처음으로 전화를 했을 때의 일이다. 벨소리가 한참 울린 후에야 수화기 드는 소리가 들렸다.

"여보세~요 오?"

여자아이의 귀여운 목소리였다.

"꼬마는 누구니? 할머니 좀 바꿔줄래?"

"제가 함머닌데요. 누구세~요?"

"함머니?"

그녀의 목소리는 이처럼 어린아이로 착각하게 만든다. 이런 그녀에게는 재미있는 점이 많다. 심성이 착하고 정직한 그녀지만 자기 나이에 대해서만은 거짓말을 곧잘 한다.

그렇다고 여느 여자들처럼 나이를 줄여서 말하는 것이 아니다. 예순 후반의 나이지만 처음 만나는 사람들에겐 오히려 나이를 네댓 살 더 부풀려서 말한다. 사람들이 자신을 인형공주처럼 대하는 게 싫어서 그런단다. 귀여운 거짓말이란 게 이런 경우이지 싶다.

고개를 갸우뚱하면서도 그녀의 천진스런 표정에 넘어간 사람들에게 그녀는 그날부터 다부지게 언니 행세를 한다. 이를 아는 사람들도 그녀의 깜찍한 거짓말에 빙그레 웃으며 모른 체 넘어가 준다. 그래서 그녀에겐 나이가 더 위인 동생들이 많다.

그녀의 얼굴은 언제 봐도 맑고 평온하다. 풀잎에 맺힌 아침 이슬 같다. 표정이 맑고 환한 것은 그녀가 순수한 영혼의 소유자이기 때문이리라. 그래서인지, 자신의 느낌도 언제나 진솔하게 표현한다.

거리를 걷다가도 갑자기 웃음을 터뜨려서 주위 사람들을 곧잘 당황케 한다. 별것 아닌 것에도 그렇게 잘 웃는다. 한 번 웃음이 터지면 숨이 넘어갈 듯이 온몸으로 웃는다. 그녀의 웃음 띤 눈빛은 사람을 끌어들이는 마력이 있다. 웃음은 곧 주변 사람들에게 전염이 되고 만다.

그렇게 잘 웃는 그녀지만 콧잔등이 긁힌 강아지를 보기라도 하면 금세 슬퍼한다. 마치 자신의 콧잔등에 생채기라도 입은 양, 아픈 표정으로 눈물을 글썽이면서 슬픔에 잠겨 든다.

이처럼 그녀는 매사에 마냥 즐거워하고 슬퍼할 줄 알 되, 타인에 대하여 억울해하거나 분노할 줄은 모른다. 간혹 주변의 시샘에도 노여워하기보다는 그렇게 된 자신의 처지를 슬퍼한다. 슬픔의 원인을 자신에게서 찾는다.

영혼이 순수한 사람에게서는 무슨 향기라도 풍기는 것일까. 그녀가 가만히 미소를 짓고만 있어도 벌·나비들이 꽃향기에 이끌리듯 그녀의 주변에 사람들이 모여든다. 그를 바라보는 사람들의 표정도 서서히 그녀의 눈웃음 띤 얼굴을 닮아간다. 맑고 밝고 따뜻하게.

우리는 자신의 감정 표현을 자제할 줄 아는 사람을 인격적으로 성숙한 사람이라 생각한다. 그렇게 습성화되다 보니 아름다운 것을 보고서도 제대로 느낄 줄 모르게 되고, 즐거운 일에도 가슴 깊숙한 곳에서 스며 나오는 희열을 모르며, 슬픈 것을 보고서도 가슴 아파할 줄 모른다.

맑은 거울에는 사물 그대로의 실상이 굴절 없이 비치듯, 티끌 한 점 없는 맑은 영혼에는 세상 만물의 진실이 그대로 투영된다. 기쁠 때 기뻐할 줄 알고, 슬플 때 슬퍼할 줄 아는 여인. 그녀는 별빛 아래 저 혼자 피어 있어도 하얗게 웃고 있는 한 떨기 별꽃 같다.

이런, 실수할 뻔했네

 백수에게도 어쩌다가 시내 중심가로 나갈 일이 생긴다.

 여느 때와 달리 그날은 전동차가 별로 붐비지 않았다. 맞은편에 앉은 사람들은 열에 여덟은 휴대폰을 들고서 만지작거리고 있었다. 이어폰을 귀에 꽂고 히죽이 웃고 있는 사람, 시선을 내리깔고 휴대폰에 몰입되어 있는 사람들.

 어찌 보면, 그들은 입력된 프로그램 외에는 주변의 아무것도 의식하지 못하는 인조인간 같았다. 사람들과의 교감이 단절되다 보니 빈 전동차에 나 혼자 앉아 있는 듯했다.

 그들을 망연히 바라보다가 안내 방송에 정신을 차리고 보니 내려야 할 역을 두 정거장이나 지나쳐버렸다. 그러잖아도 약속 시간이 빠듯했는데, 급히 내려서 반대편 승강장으로 걷기 시작했다.

 그런데 갑자기 아랫배가 슬슬 아파오기 시작했다. 아침에 늦잠을 잔 탓에 서둘다 보니 볼일을 놓친 탓이었다. 어쩔 수 없어지하철 화장실을 찾아 들어갔다. 의외로 화장실은 한산했다.

변기에 앉아 있는데, 여자의 하이힐 소리가 또각또각 들려왔다. 저 여자도 차암! 정신을 어디에다 두고 남자 화장실에…. 실실 웃음이 나왔다.

잠시 후에는 여자들 목소리가 왁자하며 여럿이 들어오는 소리가 들렸다.

'어! 혹시 내가?'

참으로 난감한 일이, 여자 화장실이었다.

볼일을 다 보았지만 숨소리조차 내지 못하고 귀만 기울이고 있었다. 여러 명이 나가는 소리가 들리기에 이제 되었다 싶으면, 또 다른 하이힐 소리가 들려왔다. 한적했던 화장실이 갑자기 왜 그리도 붐비는지.

숨을 죽이고 기다리자니 변기에 물 내리는 소리, 옆 화장실 사람과 대화하는 소리들이 연신 들렸다. 게다가 변기에 앉아서 웬 전화 통화는 그렇게 오래 하는지, 아줌마들이여 화장실은 휴게소가 아니라오. 제발 볼일 다 봤으면 그만들 나가주시질 않고.

숨이 막힐 듯한 좁은 공간에 한동안 갇혀 있다 보니, 낭패한 일을 자초한 내 쪽에서 오히려 은근히 화가 치밀기도 했다. 적반하장이란 이런 경우일까?

그런 와중에도 내가 앉아 있는 이 변기는 직전에 어떤 엉덩이를 맞이했을까, 하는 야릇한 생각도 들었다. 이 무슨 망령이람. 스스로 생각해도 한심스러웠다.

이윽고 하이힐 소리가 하나둘 사라지더니 잠잠해졌다. 이때다 싶어 살며시 문을 열고 살펴보니 마침 아무도 없었다. 재빨리 나가는데, 웬 날벼락인가. 입구에서 불쑥 들어오는 청소부 아줌마.

"할아버지! 여긴 여자 화장실이에요."

"아, 그래요? 이런, 실수할 뻔했네."

엉겁결에도 이제 막 화장실에 들어온 것처럼 시치미를 떼고선 황급히 빠져나왔다. 그래도 할아버지로 보였던 게 다행이었지, 아저씨로 보였더라면 성추행범으로 몰렸을지도 모른다. 나이가 들어 보이는 게 이처럼 좋을 때도 있다니. 세상의 여성들이여, 할아버지는 남자가 아니라는 깜찍스런 착각을 종종 해주시기를.

실수는 그것으로 끝나지 않았다. 모임을 마치고 돌아오는 길엔 지하철 환승역에서 또다시 반대 방향 전동차를 타는 바람에 한 정거장을 더 가서 되돌아왔다. 그날은 태양의 흑점이 폭발했는지, 뇌 전파 장애로 실수 연발의 날이었다.

"나도 예전엔 칼날 같았는데…." 따위의 말은 하지 말자. 늙어가면서 나타나는 어쩔 수 없는 증상인데, 서글픈 마음일랑 먹지 말고 담담하게 받아들이며 살 수밖에.

따뜻한 벽보

원룸이 밀집한 동네에는 가진 것이 별로 없는 서민들이 주로 살고 있다. 가난한 살림살이다 보니, 작은 욕심들이 가끔 분란을 일으킨다.

어느 원룸의 건물 벽에 라면 상자를 오려서 붙인 벽보가 시선을 끌고 있다.

아래에 있는 상자 안에서 '정야' 화분을 가져가신 분!
애지중지 기르고 있는 화분을 가져가시면 어떡합니까? 바늘도둑이 소도둑 된다고 하였습니다.
이왕 훔쳐 가신 거 용서해 드릴 테니, 다음부터는 그러지 마십시오. 아무도 보지 않았다지만, 본인은 잘 알고 있지 않습니까?
'정야'는 선인장과의 다육식물이므로 햇볕을 많이 쬐어줘야 하고 여름에는 단수斷水해야 하며, 일 년 내내 물은 열 번 이내로 주시면 됩니다. 식물 또한 귀중한 생명이니 예쁘게 길러주세요.

　　　　　　　　　　　　　　　　　　　　　　　－정야 엄마가

정야 엄마는 짧은 글귀 속에 "가져가다, 훔쳐, 도둑"이란 말을 무려 다섯 번이나 사용했다. 훔쳐 간 사람이 스스로 부끄러움을 느끼지 않을 수 없도록 했다. 또한 "아무도 보지 않았더라도 자신은 잘 알고 있지 않으냐"며 매섭게 나무라고 있다. 그의 나무람에는 속됨이 없고 감정이 절제된 인품이 엿보인다.

그는 못내 서운한 마음이 풀리진 않았지만 용서한다고 했다. 그러나 그것은 조건부 용서다. 가져간 화분을 정성껏 잘 길러달라는. 마치 어쩔 수 없이 받아들이는 사윗감에게 사랑하는 딸을 잘 부탁한다는 엄마의 심정이다.

그러면서도 잃어버린 화분이지만, 기르는 방법까지 소상하게 설명해주고 있다. 화초 한 포기라도 살아 있는 생물을 사랑하는 마음이 가득하다. 벽보를 읽고 있으니 정야 엄마의 따뜻한 마음씨에 가슴이 포근해진다.

라면 상자 벽보가 늦가을 햇볕을 받으며 환하게 웃고 있다. 세상이 아름답게 보인다. 서민들이 사는 동네에는 사람 냄새가 난다. 아무리 우리 사회가 각박하다지만, 그래도 아직은 살 만하지 않은가.

작품평

배려가 참으로 따스한 작가
― 〈따뜻한 벽보〉를 읽고
― 부명제(평론가)

송혜영의 글을 읽는 재미에 빠져든 적이 있었는데 또 한 사람, 가슴이 따스한 작가를 발견한 기쁨이 컸다.

"아래에 있는 상자 안에서 '정야' 화분을 가져가신 분!
애지중지 기르고 있는 화분을 가져가시면 어떡합니까? 바늘도둑이 소도둑이 된다고 했습니다. 이왕 훔쳐 가신 거 용서해 드릴 테니, 다음부터는 그러지 마십시오. 아무도 보지 않았다지만 본인은 잘 알고 있지 않습니까?
'정야'는 선인장과의 다육식물이므로 햇볕을 많이 쬐어 줘야하고 여름에는 단수해야 하며, 일 년 내내 물은 열 번 이내로 주시면 됩니다. 식물 또한 귀중한 생명이니 예쁘게 길러주세요."
― 정야 엄마가

한때 수필계의 식자층 일각에서 5매 수필 쓰기 운동을 주도한 적이 있다. 소설 응모 부분에도 콩트보다 더 적은 원고지 5매의 미니픽션이라는 장르가 있듯이 나름의 글 특성을 살릴 요건으로 적합하다고 느꼈는데 요즘은 흐지부지되어버렸다.

그러나 등비급수처럼 늘어난 수필가의 작품발표 공간을 확장시킬 필요에서라도 언젠가는 누군가에 의해 다시 재기되어야 하지 않을까 싶다. 아무튼 5매 수필은 잡지출판의 얼굴격인 기획 의도를 충당할 방편으로 알맞은 형식이다. 신대식 작가가 발표한 작품도 이와 같은 동기에서 집필되었다. 짧지만 감동이 만만치 않다.

위에 소개한 글귀는 첨가할 내용이나 삭제해야할 군더더기 없이 정돈된 글이다. 본문에서 접하는 작가의 보완설명이 더 근사하기에 말을 아끼겠지만 절도행위에 격노하면서도 감싸 안는 과정에서 느껴지는 감정의 절제, 체념 속에 드러나는 걱정, 그에 뒤따르는 애틋한 심사, 무엇보다 한 생명체의 엄마라는 이름에 어울리는 처신만으로도 이 글은 특별한 의미를 갖는다.

하긴 우리 사회는 정야 엄마가 추구하는 정서의 형태를 간직하기에는 어딘가 미흡한, 훼손되고 이지러진 감정들이 숨겨 있다. 오래 굶주리던 세대에서 무한한 욕망을 주체할 수 없는 세대로 급격히 전환되면서, 중간단계 쯤에서 축적되어야할 서정의 원만한 교류들이 삭제되었기 때문인지 모른다. 하지만 가정마다 삶의 가치를 인정하고 일깨우는 인성교육으로 감성적 분위기를 키워주지 못한 과오는 분명 있을 것이다. 그래서 정야 엄마 같은 고운 심성을 가진 사람들이 상처를 입는 경우를 본다.

작가가 정야 엄마의 글을 전면에 내세우고 자신은 한 발짝 뒤로 물러난 선택도 사회가 채워주지 못한 부분을 인정하고 대신 보듬고자하는 온화한 태도로 파악된다. 이런 작가의 배려가 참으로 따스하다. 역시 수필은 진정성 있는 삶의 태도가 엿보일 때

가장 향내가 짙은 법이다. 작가의 휴머니티를 존중하여 인용 글도 정야 엄마의 글 전부로 대체했다.

여기서 글을 쓴 당사자가 아닌 대상을 두고 작가의 글 특성이 거론됨을 의아하게 생각할 독자가 있을 것 같기에 부연하겠다. 누구나 인증하듯 〈호질〉은 연암선생의 작품이다. 《열하일기》에 기록되어 있는 대로 1780년 7월 28일 북경을 향하던 경로 도중, 옥전현 성안 점포 벽에 붙어 있는 글을 베껴 냈든, 혹은 여행길을 빙자 삼아 세태를 풍자하면서 짐짓 지어낸 창작품이든 그것은 중요치가 않다. 연암선생으로 인해 〈호질〉이라는 뛰어난 작품이 세상에 유포되었다는 사실이 더 중요한 것이다. 그러므로 정야 엄마의 글 역시 신대식의 작품과 진배없다고 생각했다.

— 부명제 평론집 《**평론형식의 수필쓰기**》에서

시골 장터 풍경

 닷새 만에 한 번씩 서는 시골 장터에 가면, 어린 시절의 고향 장날이 연상되어 마음이 절로 푸근해진다.

 시골 장터에는 소박한 사람들의 풋풋한 인정이 넘치고, 투박한 사투리에 생기가 넘친다. 장터에 나온 시골 아낙네들의 표정에서, 노점에 즐비하게 늘어놓은 그렇고 그런 상품들, 물건을 사고파는 사람들의 왁자지껄한 소음에서 친근한 옛 고향 냄새가 풍기고, 보통 사람들의 사는 맛이 가슴 저리도록 스며든다.

 시골 장터에선 그 옛날 어디선가 본 듯한 정겨운 얼굴도 만나게 된다. 골목길 가게 앞에서 작은 소쿠리에 봄나물을 담아 놓고 기웃거리는 아줌마들에게 손짓하는 할머니, 늘어놓은 잡동사니 방물에 먼지를 털고 있는 늙수그레한 아저씨의 표정에서 어린 시절의 정겨운 할머니, 할아버지 모습이 보인다.

 시장 안의 넓은 공터에는 알록달록한 옷가지를 걸어놓은 옷

장수, 생선 좌판 장수, 풀빵 장수 그리고 장날만 찾아다니는 장돌뱅이들이 모여서 없는 것이 없는 노상路上 백화점이 형성되어 왁자지껄, 풍성하다.

장터에서 소음 공해를 일으키는 주범은 메가폰이나 확성기로 손님을 부르는 장사치들이다.

"달고 맛있는 귤 사이소. 제주도 특산품, 한 상자에 팔천 원."

소형 트럭의 귤 장수도 확성기 소리를 요란하게 울리면서 좁은 공간을 비집고 돌아다닌다.

한편에는 민물고기 장이 선다. 붉은 플라스틱 그릇마다 흉물스럽게 생긴 가물치, 거품 속으로 파고드는 날렵한 미꾸라지, 매끄럽게 생긴 뱀장어, 내시內侍 수염을 단 잉어들.

"아저씨예, 민물 장어 반 관만 푹 고아 묵으면 아지메가 더 좋아할 거라예."

순박하게 보이는 아줌마의 너스레에 피식 절로 웃음이 나온다.

시장 사람들을 불시에 놀라게 하는 것은 뻥튀기 장수다. "펑!" 소리에 놀라서 돌아보니 뽀얗게 서린 안개 속에 하얀 박상이 눈처럼 쏟아져 나오고 있다. 주위에는 아줌마들이 검정 콩이나 쌀을 됫박으로 들고 나와서 차례를 기다리고 있다.

뻥튀기는 것도 이제는 현대화되었다. 장작불 대신에 가스로 불을 지피고 조그만 동력 모터를 이용하여 배가 불룩한 기계를 돌리고 있다.

한쪽 모퉁이에는 시골 아낙네가 강아지를 광주리에 담아 나와서 팔고 있다. 복슬복슬하게 살이 오른 귀여운 녀석들이 광주리 밖으로 고개를 내밀고서 어리둥절한 표정으로 두리번거리고 있다.

강아지의 선량한 눈동자는 아기의 해맑은 눈동자를 닮았다. 착하고 순진한 눈동자에 마음이 빨려드는 것 같아 시선이 떨어지질 않는다. 귀엽게 생긴 털북숭이 주둥이에 뽀뽀라도 해 주고 싶어진다.

잠시 후, 광주리를 뛰쳐나온 강아지 두 마리가 깡충거리며 뛰놀다가 그 사이를 못 참고서 와르릉거리며 싸움질을 한다. 얼마 후면 형제들이 뿔뿔이 팔려 나가리란 것도 모르고서.

장터 안의 좁은 골목에는 참기름 집, 시루떡 가게, 순대국밥 집들이 허름한 모습으로 이따금 숨어 있다. 그러나 골목 입구까지 풍겨 나오는 구수한 냄새 덕분에 손님들이 잘도 찾아온다.

미닫이문을 밀치고 국밥집에 들어서니. "어서 오이소."라는 주인아주머니의 투박한 사투리가 마치 이웃집 아저씨를 맞이하듯 한다. 가마솥 옆에는 이제 막 삶아낸 순대, 곱창, 머릿고기가 푸짐하다. 저절로 입안에 군침이 돈다. 식당 안은 주방과 손님 좌석이 구분 없이, 삶은 고기를 진열해 놓은 좌판이 경계선이다.

　나무 탁자를 중심으로 술기운에 불그레해진 남정네 몇이 술잔을 앞에 놓고 얘기들을 나누고 있다. 순대국밥 집에 앉아서 막걸리를 마시다 보면 시골 사람들의 투박한 대화에 마음이 훈훈해진다.

　출입문이 빠끔히 열리면서 식당 안을 들여다보는 얼굴이 있다.

　"순이 엄마! 들어오소."

　재빨리 알아챈 한 남정네가 소리친다.

　"아이구, 훈이 아잰교?"

　"괜찮소, 들어오소. 고만."

　수줍은 듯이 아줌마 두셋이 문지방을 들어선다. 오랜만에 정다운 여인네끼리 순대국밥을 나누려다가 계면쩍은지 들어와서도 고개를 숙이고 있다.

　자리에서 일어날 즈음이면 남정네들 사이에선 술값을 서로 내겠다며 가벼운 다툼이 일어난다. 이윽고 돈을 지불한 사람은 흡족한 표정으로 가슴을 내밀면서 호기롭게 퇴장한다. 주머니는 가벼워도 모처럼 한 턱 낼 수 있는 자신이 대견스럽다는 표정이다. 시골 장터에서 흔히 볼 수 있는 훈훈한 풍경들이다.

장볼 일이 없어도
장날을 기다리는 것은
만나 보고 싶은 이웃과 나눌 이야기
때문입니다.
만나 봐도 늘 그런 이야기뿐인데
일찍부터 장터로 모여 옵니다.
― 김상문의 동시 〈함양 장터〉 중에서

  내 어린 시절의 고향 장날은 마을 사람들이 기다리던 나들이 하는 날. 남자들은 그날 하루의 농사일은 대충 해둔 채 비슷한 동년배끼리, 아낙네들은 이웃의 형님·아우·동서끼리 고만고만하게 어울려서 그동안 씨암탉이 "꼬꼬댁 꼬꼬" 할 때마다 하나씩 모아둔 날계란이나 텃밭에서 거둔 애호박, 푸성귀 등을 팔기도 할 겸, 장터 구경하러 십 리 길을 걸어서 갔다.

  해거름 무렵이면 코가 발갛도록 술에 취한 남정네들이 콧노래를 흥얼거리면서 갈지자걸음으로 마을로 들어서고, 그중에서도 연세가 지긋한 어른들은 갈치 한 마리를 새끼줄에 달랑 매달고서 밥상머리 어린 자식 생각에 흐뭇한 표정으로 집으로 들어서곤 했다.

  그쯤이면 마을에서 소문난 주정꾼 집에서는 으레 장날이면 치르는 행사인 양, 부부 싸움 소리가 이웃집 담 너머까지 왁자했지만 이웃에선 말리는 것도 단념한 지가 이미 오래된지라

빙긋이 웃기만 했다.

 오늘날의 시골 장날은 옛날과 달리, 마을 사람들의 기다림이나 끼리끼리 어울려서 정을 나누며 시골길을 오가는 정겨운 운치는 없다. 그러나 시골 장터에는 아직도 옛 고향 냄새가 남아 있고 그리운 할머니, 할아버지 모습과 닮은 소박한 사람들을 가슴으로 느낄 수 있어서 좋다.

 그런 한편으로, 해가 뉘엿뉘엿 기울어지는 파장 무렵의 스산한 장터는 나를 울적하게 한다. 노점이 섰던 공터에는 옛 고향이 신기루처럼 사라져버리고 미처 보따리를 꾸리지 못한 몇몇 떠돌이 장사꾼들의 고달픈 모습만 남아 있다. 아쉬운 꿈에서 깨어나 울어버린 소년처럼 내 마음 허전해진다.

등단작품 심사평(1999년 한글문학)

– 〈시골 장터 풍경〉을 읽고

강범우(평론가)

무한한 선善으로 간주되는 것은 오직 하나, 착한 의지다. 이것이 없는 한 좋은 수필은 씌어지지 않는다. 신대식의 글, 〈어느 울적한 날의 자화상〉이나 〈포장마차〉, 〈시골 장터 풍경〉 등은 따뜻한 심념心念에서 쓰인 글이다.

프랑스의 상징파 시인 랭보(A.Rimbaud)는 "시(문학)는 장소의 형태"라고 했다. 그가 살아온 고향의 기록이며 체험의 사연들이다.

이 〈시골 장터 풍경〉은 작가가 시골에서 체험하고 보고 느낀 것들을 적은 글이다. 여러 가지의 생활 모습, 다양한 인간들의 삶의 모습들을 잘 정리하여 무리 없이 하나의 이야기로 구성했다. 차 한 잔, 막걸리 한 잔을 마시면서도 인생을 살아가는 아픔을 말하고, 비뚤어진 세정을 걱정하는 것은 그만큼 인생을 깊이 있게 살고자 하는 사람만이 할 수 있는 일이다.

신대식의 글에는 그런 세정을 걱정하며 이웃과 정을 나누며 살려는 따뜻한 염원이 깃들어 있어서 좋다.

그러나 좋은 수필은 시의 무체와 지각(Sense)과 비슷하다. 그러기 때문에 단어의 질이나, 문장에 내포된 소리의 질에 귀를 필요로 한다. 너무 평면 묘사를 해서는 독자에게 감동을 불러일으키기 어렵다. 앞으로 그런 점에 유의하고 정진하길 바란다.

심사평에 대한 내 소감

평론가는 작가를 죽이기도, 또한 분발시켜 더욱 성장시키기도 한다. 때문에 평론가는 의례적인 미사여구의 논평이 아니라 신랄하되, 그러나 문인이 되고자 하는 신인 작가에 대해선 애정을 갖고 논평해야 한다고 생각한다.

난 이처럼 어설프게 등단하고서도, 첫 수필집을 낼 때까지 제대로 글쓰기 공부를 하지 못했다. 다만 어릴 때의 독서량만을 밑천으로 글을 쓰고, 혼자서 만족하곤 했다. 때문에 강범우 평론가의 "문장에 내포된 소리의 질, 평면 묘사" 같은 말은 선뜻 이해가 되지 않아 줄곧 꺼림칙한 마음을 갖고 있었다.

요행히 손광성 선생님을 만나 글공부를 하면서 그동안의 내 자신이 부끄러웠고, 이후론 내 이름이 실린 작품을 세상에 내보낼 땐 오랜 시간의 숙성 과정을 거치는 과작寡作 하는 작가가 되었다.

그러다가 제대로 글을 쓰는 작가란 평을 받고 싶어, 첫 등단한 지 11년이 지나서 다시금 《에세이문학》에 〈마음의 여로〉 작품으로 재등단하면서 비로소 맹난자 선생님에게서 우연의 일치인지, "심층의 계단으로 내려선 작가"란 평을 받았다.

이미 고인이 되셨지만 나에게 정곡을 찔러준 강범우 평론가님께 늦게나마 감사드린다.

그녀는 왜 술을 마실까

해롱 씨가 홀짝홀짝 술을 마신다.

맛있게, 재밌게 마신다.

웃음을 폴폴 날리며 신나게 마신다.

엄지와 새끼손가락을 톡톡 소리가 나도록 퉁겨가며

작은 소리로 열변을 토하며 마신다.

해롱거리는 그녀는

취할수록 쬐끄만 가시나가 되어버린다.

조용 씨는 조용조용 술을 마신다.

맛없다, 재미도 없다는 표정으로 찔끔찔끔 마신다.

조용히 미소 짓고 있어도

마음은 웃지 않는다는 걸 모두가 다 안다.

사람들 곁에 있어도 그녀는 없는 것 같다.

해롱 씨가 궁금해서 묻는다.
"조용 씨는 술을 왜 마셔?"
"술? 그냥, 술자리니까."
"어머! 자리 지키느라 그냥 마신단 말이야?"

조용 씨가 의아한 듯 묻는다.
"해롱 씨는 왜 술을 마셔?"
"울 남편, 기쁘게 해주려고. 헤헤"

주변 사람들이 갑자기 눈을 빛낸다.
"뭔 소리여???"

해롱 씨가 혀 꼬부라진 소리로 말한다.
"내가 한잔할 때면, 울 남편이 차를 몰고 마중을 나오거든.
돌아가는 길에, 내가 뭐라는 줄 알아?
울 여보 최고야. 당신 멋져, 정말 멋져!

사랑해 사랑해 싸랑해.

최고 수준으로 온갖 아양을 다 떨거든.

그러면 울 남편 너무너무 좋아해.

조용 씨도 그렇게 해봐. 술맛도 날 테니까."

조용 씨는 그나마 술맛도 싹 가셔버렸다.

떫은 감 씹은 표정이다.

지구가 반쪽 난대도 그런 아양 떨 DNA는 없으니까.

- 어떤 지인들 작은 모임에서

미안해, 내 손을 잡아

시골집 정원을 만들면서 잔디밭 가장자리로 나무를 심었다. 여름에 더위를 식힐 그늘이 필요했던 나는, 작은 뜰에 꽤 많은 나무를 심었다.

첫해에는 나무들이 몸살을 하는지, 꽃이 피는 것도 시원찮고 잘 자라지도 않았다. 그래서 비료 대신 한약방에서 한약 찌꺼기를 얻어다가 나무 밑에 묻어주었다. 그랬더니 이듬해부터는 나무들이 키 크기 경쟁이라도 하는지 위로만 치솟기 시작했다.

그중에서도 제법 잘생긴 벚나무는 가지와 잎이 무성하게 자라서 이제는 정원에 그늘을 드리우고 있다. 지나가던 산새들이 이따금 들리고, 참새 떼들이 수시로 몰려와서 무성한 잎새에 숨어 재잘거리며 놀기도 한다.

작년 봄에는 벚나무 옆에 작은 홍매 한 그루를 더 심었다. 그 역시 한여름이 지나도록 잎이 노랗고 자라지도 않았다. 올

봄에도 병자의 얼굴처럼 노란 잎사귀 사이로 매실을 겨우 열 댓 개 매달고도 힘겨워했다.

겉보기에 나무들은, 맑은 하늘과 잔잔한 강물이 어우러진 풍경을 즐기면서 평화롭게 자라고 있는 것처럼 보였다. 하지만 좁은 땅에 많은 나무들이 공생하다 보니, 땅 밑에서는 서로 얽힌 뿌리들이 수분과 영양분을 더 빨아들이려고 치열한 생존경쟁을 하는 것이 분명했다. 그런 경쟁을 어린 매실나무가 감당하기에는 힘들었으리라.

그러던 중 어느 날 무심코 보니, 미처 보지 못했던 이상한 광경이 눈에 띄었다. 위로만 치솟던 벚나무에서 가지 하나가 매실나무를 향해 아래쪽으로 뻗어 나와 있었다. 어린 매실나무가 안쓰러운지 손을 내밀고 있는 것처럼 보였다.

볼일이 있어 한동안 집을 비웠다 돌아와서 보니, 이번에는 매실나무에서도 가지 하나가 아래로 뻗은 벚나무 가지를 향하여 비스듬히 위로 뻗어 나와 있는 것이었다.

그리고 며칠이 지나자 더욱 길게 뻗어 나갔다. 분명, 다른 가지들보다 눈에 띄게 빠른 속도로 성장하는 것 같았다.

벚나무가 시원한 강바람에 푸른 잎사귀를 반짝이며 반색했다.

"꼬마야, 미안해. 내 손을 잡아."

아래로 뻗은 가지가 바람결에 한들한들 손짓했다.

"고마워 형."

그러나 매실나무가 안간힘을 써보지만, 손이 닿을 듯하면서도 닿지 않았다.

참새 떼가 우르르 몰려와서 벚나무 가지에 앉아 '짹짹 잭' 응원을 했다.

"힘내라! 힘내라!"

주변에 심은 목련, 꽃사과, 소나무들도 그날만은 잠시 생존경쟁을 멈추고 응원하는지 어깨를 들썩이며 출렁거렸다.

초여름의 화사한 햇볕 아래, 내 작은 뜰에서는 경이로운 광경이 펼쳐지고 있었다. 미켈란젤로의 〈아담의 창조〉를 보는 듯했다.

식물에도 정신세계가 있을까. 있다면, 아마도 우리 인간들보다는 더 따뜻한 것 같다.

교통순경도 고향에선 반갑다

 고향에 갈 때면 마냥 즐겁다. 서울을 벗어나서 고속도로에 들어서면 마음이 먼저 길을 달린다. 그래서 고향 가는 길은 아무리 멀어도 지루하지가 않다.

 고향 가는 길은 향수를 달래러 가는 여정이다. 정겹게 맞아 주는 사람들의 가슴속에서, 시골 마을 골목길마다 아직도 소년으로 머물러 있을 어린 시절의 나를 만나러 가는 길이다.

 이제는 내 고향까지 고속도로가 나 있다. 그러나 나는 고향에 갈 때면 고속도로를 따라가다가 한 구간 먼저 나들목으로 나간다. 좁고 긴 계곡을 끼고서 이어지는 구불구불한 지방도로를 따라가면 고향과도 같은 아늑한 시골 정취를 미리 맛볼 수 있기 때문이다.

 늦가을 계곡 길에서는 내 고향에서 볼 수 있는 모든 정경을 한꺼번에 만날 수 있다. 개발 바람이 불지 않은 산골 풍경은 세월이 정지된 듯 아직도 옛 모습 그대로다. 시간을 거슬러 나를 어린 시절로 되돌아가게 해준다.

  단풍이 든 계곡 길에는 하얀 암반 위로 흐르는 맑은 시냇물이 줄곧 나를 따라 같이 달린다. 요놈 봐라 싶어, 속도를 올려 저만치 달려와서 보면 역시 내 곁에서 햇빛에 반짝이며 나란히 달린다. 속도를 줄여 봐도 마찬가지다. 나도, 시냇물도 계곡을 따라서 같이 흐른다.

  시냇가에 정자나무가 울창한 곳을 지나다 보면 숲 그늘에 가려진 빛바랜 정자가 있다. 어린 시절 소풍 갔던 그곳과 닮았다. 정자 밑 모래톱에는 요즘도 소풍 오는 아이들이 씨름판을 벌일까?

  초등학교 시절, 나보다 키는 작았지만 옹골찬 녀석과 맞붙었다가 호루라기 소리가 끝나기도 전에 나뒹굴고 나서 얼굴이 홍당무가 된 적이 있었다. 그 녀석은 어디서 뭘 하며 살고 있을까.

  달리는 길에 이따금 만나는 작은 마을들은 집마다 불꽃놀이 축제를 벌이고 있다. 가을이면 한 번 톡 쏘아 올린 주황색 불꽃은 울타리와 지붕을 덮고서 쉽게 사그라지질 않는다. 흰 서리가 내려야만 까치밥 몇 알 남겨두고서 불꽃축제는 막을 내리겠지.

  도로변에는 사과가 탐스럽게 익은 과수원도 많다. 그런데 울타리가 없다. 요즘도 시골 개구쟁이들은 사과 서리를 할까. 아니, 젊은 사람들이 모두 도회로 나가버린 마을에는 어울려서 개구쟁이 짓을 할 만한 아이들이 있을 리 없다.

계곡 길이지만 군데군데 황금색 다랑논도 펼쳐져 있다. 잠시 차를 멈추고 논두렁으로 내려선다. 소년이 메뚜기를 잡고 있다. 손에 든 사이다 병에는 꼼지락거리는 메뚜기가 가득하다. 근래에는 메뚜기들도 고향으로 돌아왔나 보다. 해맑은 얼굴의 소년이 나를 보고 싱긋 웃는다. 소년 시절의 내가 늙은 나를 알아본 모양이다.

산골의 꼬부랑길을 달리다 보면 여기저기 보고 싶은 것이 많아서 시선은 바쁜데 마음은 푸근해진다. 고향에 도착하기도 전에 향수를 달래기에 충분하다.

드디어 고향 땅으로 들어섰다. 산과 들판은 여느 산천과 별다름이 없지만, 느낌으로 고향임을 알아챈다. 한 마리 연어처럼 모천의 아련한 냄새를.

얼마 가지 않아서 만난 면소재지에서 빨간 신호등이 켜지는 바람에 급정거를 했다. 마음은 조급한데 신호등이 한동안 바뀌지 않았다.

다시 보니, '비보호'란 글자가 눈에 띄었다. 무심코 직진하다가 '아차! 비보호 좌회전인데….' 그렇게 느낀 순간, 어디서 나타났는지 교통순경이 앞에서 툭 튀어나오면서 갓길로 손짓을 했다.

"신호 위반으로 벌금 육만 원에, 벌점 십이 점입니다. 운전면허증 주세요."

들뜬 기분에 찬물을 끼얹었다. 고향 초입에서부터 벌금 딱지라니, 은근히 부아가 치밀었다.

"여보! 오랜만에 고향 찾아오는데, 당신 같으면 기분이 좋겠소?"

순경이 머쓱한 표정을 짓다가,

"고향이 어느 동넵니까?"

"농고農高 옆에 있는 정장리요."

"에이, 면허증을 보니 고향이 여기가 아니신데요?"

"당신은 고향에서 근무하니 복 받았우. 나처럼 전국을 떠돌아다니는 직업을 가져봐요. 본적이 여러 번 바뀔 테니."

"그렇다면, 46년생이신데, 혹시 김○○ 씨 아세요?"

"아, 그 친구! 정부 ○○ 부서에서 근무하다가 얼마 전에 정년퇴직했지."

"제 삼촌 되십니다."

"아, 그래요? 이거 참 반갑소."

이쯤 되면, 벌금 딱지는 슬며시 꼬리를 감추렷다.

"제 삼촌 만나시거든 벌금 대신 술이나 한잔 사드리세요."

교통순경 만세다. 고향 사람은 너무 정겹다. 삼촌도 잘 챙긴다.

고향은 나이 들어 찾아오는 나를 외면하는 일이 없다. 언제나 가슴 활짝 열어 반긴다. 어디 갔다 이제야 오느냐며, 세상살이가 얼마나 힘들었느냐며 다독여준다.

고향에 갈 때면 옛집을 찾아 기웃거리곤 한다. 사립문이 있던 자리에는 눈에 보이지 않는 타임머신이 있다. 나는 그걸 타고서 어린 시절로 회귀하곤 한다.

이런 이발소 보셨나요?

시골에 있을 때는 면도를 거의 하지 않는다. 매일 번거롭기도 하지만 이곳에선 마주칠 사람도 별로 없기 때문이기도 하다.

그런데 면도는 하루만 걸러도 표가 난다. 시들어가는 노인의 얼굴에 무슨 자양분이 있다고, 귀찮아 죽겠는데 이놈의 수염은 속절없이 잘도 자란다. 그렇게 열흘쯤 지나면 귀밑머리에서 흘러내린 은빛 물결이 턱에서 자란 반백의 수염과 이어져 제법 그럴듯해진다. 거울 속에서 빙긋이 웃음 띤 내 모습을 보면 아예 수염을 길러볼까, 하는 생각이 들기도 한다.

이렇게 자란 수염을 서울 나들이할 때 직접 밀려고 하면 쉽지 않다. 비누칠을 질펀하게 해도 고슴도치처럼 뻣뻣해진 수염 때문에 기어코 입술 가장자리나 턱에서 피를 보고야 만다.

눈발이 희끗희끗 날리는 겨울 어느 날, 언젠가는 한번 들러보고 싶었던 이웃 마을 작은 이발소를 찾았다. 도로변에서 풀

풀 날리는 먼지를 뒤집어쓰고 있는 이발소는 어린 시절의 향수를 자극한다.

그곳까진 차를 몰고 가야 한다. 홍천강을 끼고 달리는 길은 큰 다리를 건너서, 산자락에 내려앉은 구불구불한 길을 따라 눈얼음이 덮인 삭막한 강을 보며 달린다. 낮게 가라앉은 먹구름 아래로 골바람이 불고 있다. 뼈대만 앙상하게 남은 팔봉산을 끼고 도는데 드디어 눈발이 거세지기 시작한다. 강 얼음 위로 삽시간에 하얀 눈가루가 이리저리 몰려다닌다.

이발소 앞에는 허름한 건물에 어울리지 않게, 붉은 색깔이 선명한 '이발박사 이용소'란 거창한 간판이 세워져 있다. 박사학위라도 받았는지? 문을 열고 들어서니 훈훈한 공기가 먼저 달려 나와 반긴다. 면도하고 있던 아주머니의 밝은 목소리도 재빨리 맞이한다.

"어서 오세요. 난로 옆에서 잠시 TV 보시면서 기다려 주세요."

작은 키에 수더분한 초로初老의 아주머니는 목소리가 맑다.

작은 마을이라 한산하리란 예상과는 달리 실내에는 머리를 자르고 있는 노인, 면도 중인 노인, 잡지를 뒤적이며 차례를 기다리는 노인도 한 명 있다. 면도사도 이발사도, 손님도 모두가 노인 천국이다. 연탄난로 위 주전자에선 하얀 김이 한가롭게 솟아오르고 있다. 훈훈하고 아늑한 노인천국은 시간이 정지된 정물화 같다.

면도하는 아주머니는 손과 입이 따로 놀고 있다. 면도를 하면서도 쉬지 않고 손님과 소곤소곤 이야기를 나눈다.

으르신은 연세가 어떻게 되세요? 뭐라 구~? 으르신 나이 말이에요. 아, 이제 새해가 다됐으니 여든아홉, 아흔 다 됐지. 아이구 아직 정정하신대요 뭘. 허허, 그래~? 아주머니 말에 어르신 목소리가 젊어진다.

사시는 곳은 어디세요? 두미리에 살아. 그럼 오실 때 뭐 타고 오셨어요? 버스 타고. 참, 내 나갈 때 거스름돈에서 동전도 바꿔 줘야 해. 왜요? 아들한테서 만 원짜리 두 장 받아왔는데, 버스 기사가 거슬러줄 잔돈이 없다며 돌아갈 때는 다른 버스를 타더라도 그 차 기사에게 아까 차비까지 주라잖아. 아이고 마음씨 착한 기사네요? 허허 그렇지?

노인이 이발을 마치자, 아주머니는 걸음이 힘든 어르신을 버스 정류장까지 모셔다드리고 바로 오겠다며 같이 나간다. 그러나 한참 후에야 돌아온 그녀는, 추운 정류장에 혼자 두고 올 수 없어 버스가 올 때까지 말동무를 하다가 늦었다며 양해를 구한다. 기다렸던 손님도 싱긋이 웃으며 불평 한마디 없다.

머리를 자르는 이발사는 시종 조용하다. 숨소리도 가위소리도 들리지 않는다. 훤칠한 키에 반백의 머리칼, 갸름한 얼굴에 세월의 연륜이 쌓인 무표정한 모습이 멋져 보인다. 과묵한 키다리 아저씨와 상냥하고 얘기 잘하는 작은 아주머니, 환상의 커플이다.

드디어 마지막 손님인 내 차례가 되자, 아주머니는 내게도 계속 말을 건다. 그러나 숙달된 손은 쉬지 않고 제 할 일을 한다.

여긴 처음이시죠? 어디 사세요? ○○리…. 아~ 예, 거기 오신 지 얼마나 되었어요? 처음 뵙는 분이데요. 얼마 안 됐어요. 우리도 여기 들어온 지 2년쯤 되었어요. 서울에서 이발소를 하다가 정리하고 시골서 살 집을 찾다가, 마침 사돈이 권해서 사돈댁 마을로 왔어요. 한 2년 쉬다 보니 무료해서 다시 이곳에 이발소를 차렸어요. 그러면서 이발소는 일주일에 화·수요일 이틀 쉰다며 손님이 헛걸음하지 않도록 친절하게 안내도 한다.

그녀는 면도하는 사이에 손님들의 신상정보를 탈탈 털어 간다. 반면에 자신의 정보도 죄다 누설한다. 양방향 소통의 달인이다. 그러던 그녀가 이제는 내 정보도 모조리 털어 갔는지 조용해진다.

따뜻한 비누칠을 한 턱에 부드러운 손길이 스친다. 면도날이

사각사각 경쾌한 소리를 낸다. 나직이 난로 위 주전자 물 끓는 소리…, 점점 나른해지며 졸음에 빠져든다.

꿈결에 기타 소리가 들린다. 라디오 소린가, CD를 틀었나? 카페 음악 '눈이 내리네'가 기타 선율을 타고 애잔하게 흐른다. 지금, 밖에도 눈이 내리는데.

뒤이어 영화 '금지된 장난'의 로망스가 이어진다. 툭 툭 퉁기듯 치는 기타 줄의 떨림은 부드러운 리듬을 타면서 청량한 소리로 마음을 편안하게 가라앉힌다. 비몽사몽간 의식은 가물가물한데 음악 소릴 놓치지 않으려고 귀는 쫑긋해진다.

"할아버지, 이제 머리 감으세요."

난데없이 아주머니 목소리가 졸음을 깨운다. 이대로 푹 잤으면 좋겠는데, 선율을 타고 오르내리며 졸다가 한순간에 굴러떨어진 듯 아쉽기만 하다. 상냥하던 그녀의 목소리도 무척 서운하게 들린다.

머리를 감고 일어서니 소파에서 기타를 안고 있던 이발사가 눈이 마주치자 싱긋이 웃는다. 어! 이발사 아저씨가 연주를?

손님이 피곤하신 듯해서 잠깐이라도 한숨 주무시라고, 서툰 솜씨지만 연주했단다. 그러고 보니 한쪽 벽에는 장난감 같은 작은 기타부터 큰 기타까지 네댓 개가 걸려 있다. 그냥 장식품이 아니라 손님이 없을 때면 가끔 치는 연습용이라며.

다시금 주위를 살펴보니 정면 벽에 걸린 액자가 눈에 띈다. 국제 미용대회에서 받은 최우수상 상장이다. 과연, 이발 박사 간판에 걸맞다. 허름한 시골 이발소가 감동과 놀라움을 연말 선물로 안겨주고 있다.

눈에 잘 띄지 않아 모를 뿐이지, 주변에는 정겹고도 멋있는 사람들이 많은 것 같다. 우리 사회가 각박하다지만 그래도 아직은 살 만한 세상이다. 이발 박사를 다시 만나게 될 날이 기다려진다. 그것도 눈 내리는 겨울날에.

살아오면서 가끔 죄지은 놈인 양
아이들이 들을세라, 아내가 눈치챌세라 소리 죽여
울곤 했다. 그렇게 울다 보면 어느덧 삶이 서러워
더욱 섧게 울다가 서서히 안정을 되찾곤 했지.

3. 그런데, 산다는 게 뭔지…

내가 누구냐구?
추석 성묫길에서
먼저 떠난 오랜 벗에게
어느 울적한 날의 자화상
십 년 만의 귀가
불꽃
떠도는 마음
담배 연기를 보며
때로는 울고 싶어라

내가 누구냐구?

나는 촌놈이다.

경남에서도 오지 산골, 거창군에서 태어나 그곳의 고등학교를 다녔다. 그것도 농업보다 더 빡센, 임업과 축산학과까지 갖춘 농림고등학교를 다녔다.

'거창'이란 지명처럼 거창한 곳은 아니지만, 지력地力만은 거창한 산골 토양 때문인지 촌놈 기질이 강하다. 그래서 혼탁한 세상에 시달려도 오염이 잘 안 된다. 혹자는 나더러 무공해 인간이라 한다. 그러나 조직사회에서 무공해 인간은, 때로는 외기러기 신세가 되기 일쑤였다. 촌놈이 온전히 촌놈으로 살아가기엔 힘든 세상이다.

억센 촌놈이 마음은 여려서 애절하게 권하면 거절하지 못한다. 특히, 술 한잔하자는 제의는 더더구나 거절 못한다. 아니, 안 한다.

술은 지조 있게 소주만 마신다. 질탕한 술자리나 고급스런 분위기의 술은 못 마신다. 촌놈 주제에 그건 목이 간지러워서 안 된다.

그저, 뒷골목 술집이나 포장마차 정도면 마음 편하다. 보통 사람들의 그렇고 그런 얘기들이 두런거리는 포장마차 분위기가 내겐 정겹다.

나는 개띠다.
내 성격도 개를 닮았다.

공교롭게도 나의 선생님도 개띠다. 앞에 거추장스럽게 붙어 있는 '띠' 자만 빼버리면 동갑내기다. 먼 눈빛으로 보기만 해도 개띠끼리는 무언가 통하는 것 같다.

난, 개 중에서 애완견이나 귀족 견공은 아니다. 그냥 토종개다. 그래선지, 사람을 보고 함부로 으르렁대지 않는다. 곱게 대해주면 누구에게나 고분고분해진다. 그러나 못된 놈들은 그냥 두지 않는다. 토종개도 심술이 나면 한가락 하니까.

또한, 시시콜콜한 일에 끼어들기 싫어하다 보니 잘 짖지도 않는다. 어쩌다 짖더라도 어눌하고 시답잖다. 뒷동산 바위처럼 있어도 없는 것 같다.

없는 듯 있어도, 하릴없이 온동네 시끄럽게 짖어대는 놈들은 별 볼 일 없는 녀석들이란 것쯤은 안다.

촌놈에다 토종 개띠니, 시골 생활이 내 정서에 맞다. 그래서 지금은 한적한 강촌에 작은 집 하나 지었다.

따뜻한 지열地熱에 배를 깔고 엎드려서 느긋하게 낮잠을 즐기다가, 오가는 사람 게슴츠레 쳐다보며 입이 찢어져라 하품이나 하면서 무료한 세월 그렇게 살아갈까 한다.

추석 성묫길에서

 추석 명절이지만 가족들이 있는 집으로 올라갈 수가 없었다. 마침, 오랫동안 가보지 못했던 고향이 근무지에서 그리 멀지 않아 잠시 시간을 내어 아버님 산소를 혼자 찾았다.

 사십여 년의 무거운 정적이 쌓인 호젓한 무덤에는 누렇게 빛바랜 가을 햇살만 사물거리고, 주변에 절로 피어 있는 들국화 몇 송이가 기다리다 지친 듯 쓸쓸한 미소로 맞이했다.

 이곳은 내 어릴 적에 가끔 오르던 고향 마을 앞산. 옛날에는 이따금 지나가는 나무꾼들의 발걸음 소리를 들으며 아버님은 외롭게 누워 계셨다. 그러나 이제는 빨갛게 익은 사과가 풍성하게 매달린 과수원으로 변하여 다소나마 위안을 받으실 것 같았다.

 산소에 올리고 남은 소주를 두어 잔 마시고 나니 온몸이 나른해져서 포근하게 다가오는 잔디 위에 팔베개를 하고 누웠다. 허공으로 스러져 가는 파르스름한 담배 연기를 바라보다가 어느덧 옛 생각에 눈시울이 젖어왔다.

　한국전쟁 직전에 우리 가족은 어쩌다 고향을 떠나 통영으로 이사하여, 내가 초등학교 3학년이 되던 해까지 그곳에서 살았다. 그동안 아버님은 홀로 부산에 계시면서 명절이면 집에 오시곤 했다.

　어느 해 추석날, 집에 오신 아버님은 땔감으로 한 짐 사다 놓은 장작을 패고 계셨다. 나는 그즈음 꼬마들에게 한창 인기를 끌던 장난감 화약총이 몹시도 갖고 싶었던 터라, 어머니 몰래 아버님께 매달려서 조르기 시작했다.

　아버님은 내 마음을 안다는 듯 빙그레 웃으시며 이마의 땀을 훔치고선 내 손목을 잡고 살그머니 집을 나왔다. 그러나 시내 가게마다 돌았으나 하필이면 화약총이 동이 나버려서 살 수가 없었다.

　나는 그렇게도 원하던 장난감을 구할 수 있는 모처럼의 기회를 놓친 아쉬움 때문에 집으로 돌아오는 동안 줄곧 한없이 억울해하며 큰 소리로 울었다. 난처하고 안쓰러워하시던 아버님의 그 표정은…. 그 후로 아버님 생각을 할 때면 철없던 그때의 내 투정이 후회되어 가슴이 저려오곤 했다.

　당시 나는 개구쟁이였다. 학교 수업이 끝나면 동무들과 어울려 공차기, 달리기에 시간 가는 줄 모르다가 늦어서야 집으로 들어오기 일쑤였다. 그럴 때면 어머니는 신발 닳는다, 옷 떨어진다며 심한 꾸중을 하시곤 했다. 그러나 매일 땅거미가 질 무렵이 되어서야 '아차! 오늘도 늦었구나.' 하는 놀람과 함께 꾸지람 걱정에 암담한 심정으로 집으로 돌아오곤 했다.

그러던 어느 겨울, 그날도 학교에서 늦게까지 놀다가 풀죽은 모습으로 집 안으로 들어섰다. 그러나 이상하게도 어머니는 꾸중도 잊었는지 허둥지둥 집을 나서며 "아빠, 돌아가셨단다."라는 말만 남긴 채 부산으로 가셨다.

그러나 어린 나는 '죽음'에 대한 어떠한 관념도 없던 때라서, 다행히 오늘 꾸중은 면하게 되었구나 하는 안도감에 오히려 마음이 가볍기까지 하였다.

며칠 후 부산서 돌아오신 어머니는 흰 보자기로 싼 나무 상자를 골방에 가져다 놓았다. 어느 날 호기심 끝에, 나는 어둑한 골방으로 몰래 들어가서 보자기를 풀고 상자를 열어 보았다. 그 속에는 작은 항아리가 있었다.

항아리 뚜껑을 여니, 정결하게 보이는 하얀 한지(韓紙)가 덮여 있었다. 갑자기 어둑한 골방에는 무거운 적막감이 감돌면서 왠지 모를 엄숙한 기운에 뒷덜미가 섬뜩했다. 조심스레 한지를 걷어내고 항아리 속으로 떨리는 손을 밀어 넣었다.

그러나 의외로, 손끝에 와 닿는 부드러운 촉감! 손가락을 꼼지락거려 보았으나 잡히지도 않으면서 끈적이는 느낌. 너무나 부드럽게 손가락을 깊숙이 빨아들이는 듯한 야릇한 기분에 놀라 얼른 손을 빼내니 손에는 하얀 가루가 묻어나왔다.

"아! 이것이, 아빠?…."

순간, 머릿속에서 '텅~' 하는 심한 충격과 함께 견딜 수 없는 허전함이 밀려들었다.

비로소 아버님의 죽음을 뼈저리게 느끼며 어두운 골방에 앉아 소리 죽여 한없이 울었다. 그때 내 나이 아홉 살.

얼마 후 겨울방학이 되자 우리는 다시 고향으로 이사를 하고, 아버님 유골은 이곳에 묻히셨다. 어린 시절의 나는 아버님과 같이 지낸 시간이 너무나 짧았기에 추억이 없다. 그러나 평소에 말씀은 별로 없으셨다지만, 어린 나를 볼 때마다 빙그레 웃음 짓던 그 모습은 아직도 생생하기만 하다.

나는 아버님 정은 미처 느껴보지도 못한 채, 차가운 성격인 어머니 밑에서 외톨이처럼 성장했다. 그래선지 남에게 내 마음을 열어주지도, 또한 남의 마음을 순수하게 받아들이지도 못하고 메마른 삶을 살아왔다. 그러는 동안 어느덧 귀밑머리가 희끗한 중년이 되어버렸다.

중년 시절에 가족과 떨어져 홀로 객지에서 살다가 돌아가신 아버님처럼, 나 역시도 직업 때문에 혼자서 지방으로 떠돌아다닌 지가 벌써 칠팔 년. 나는 이따금 너무나 가슴이 시려옴을 느끼곤 했다.

지난여름에는 둘째 누님이 위암으로 돌아가셨다. 어려운 환경에서 뿔뿔이 흩어져 억센 잡초처럼 자라온 우리 칠 남매 중에서 처음으로 세상을 하직했다. 어느덧 세월은 흘러, 우리 형제들도 이제는 차례를 기다려야 하는 세대가 되고 말았다.

산소에서 내려오는 길에 고향 마을에 들렀다. 어릴 때의 동네 어른들은 이미 모두 돌아가셨고, 유일하게 남아서 농사를 짓고 있는 친구 한 명이 마을 수장 행세를 하는 것을 보니 한 세대가 썰물처럼 흘러 가버린 모양이다. 아직도 내 자신은 세월을 느끼지 못하고 마냥 어린 시절의 마음 같건만, 세월은 우리를 그냥 내버려두질 않는 것 같다.

먼 훗날 아니면 수년 후가 될지도 모르지만, 뒤에 남게 될 나의 아이들이 아빠를 회상할 때 무엇을 생각할까? 이제껏 포근한 정을 베풀어주지도, 또한 아름답게 기억될 만한 그 무엇도 남겨준 것이 없는 무심한 아빠 노릇만 한 것 같다.

그렇지만 나의 아이들이 성장한 후에, 나처럼 외롭고 가슴 시려하지 않으면 좋겠다.

먼저 떠난 오랜 벗에게

 나의 오랜 친구가 세상을 떠났다. 평소에 건강만큼은 자신 있다고 하던 의사였다.

 그와는 고등학교에 입학하면서부터 인연이 시작되었다. 당시 시골 농림고등학교 학생들은 대학 진학을 염두에 두기보다 고등학교만은 졸업해야 되지 않겠느냐는 부모님들의 막연한 생각에서 입학했다. 그러다 보니 일부 학생들은 선생님도 다소 버거워할 만큼 거칠었다.

 그러나 그의 부친은 우리가 다니던 학교의 선생님이셨고, 엄격한 부친의 영향으로 그는 어려서부터 행동이 반듯했다. 때문인지 여러 친구들과 두루 어울리지 못했고 물론 술도 마시지 못했다. 그가 후에 술을 좋아하게 된 것은 아마도 걸핏하면 불러내어 술을 마시게 했던 나 때문이지 싶다.

 학교 관사에서 살고 있는 그를 불러낼 때는 조심스러웠다. 관사 뒤편으로 살그머니 돌아가서 그의 창문을 톡톡톡 세 번

두드렸다. "누구야?" 그의 나직한 목소리. 그러면 나는 밤이든, 낮이든 "오늘 달이 밝네."라고 소곤거렸다. 술 마시러 가자는 암호였다.

당시 학교 부근의 도로변, 외딴곳에 막걸릿집이 한 채 있었다. 장날이면 인접 면에서 장터를 오가던 사람들로 시끌벅적했지만 평소에는 대체로 한산했다. 그래서 학교에서 농땡이로 소문난 우리들이 가끔 들르던 곳이었다. 우리는 그 집을 '번갯집'이라 불렀다.

오전 수업이 끝나면 도시락을 재빨리 해치운 우리들은 번갯집으로 달려가서 막걸리 한 사발씩 후딱 마시고 오곤 했다. 막걸리 주전자가 미처 나오지 못하면 그냥 나와야 했기에, 주모 아주머니는 우리가 들어서면 묻지도 않고 번개처럼 막걸리 주전자를 대령하곤 해서 지은 별명이었다.

여름밤에는 시원하게 한들거리는 포플러나무 아래 멍석을 깔고 앉아서 하늘의 반짝이는 별과 반딧불이를 바라보며 생두부를 안주로, 특히 달 밝은 밤이면 우리 애송이들은 밤늦도록 시답잖게 풍류객인 양 흔들거렸다.

그는 처음에는 그렇게 어울리기를 꺼려했으나 차츰 술 동지가 되어갔다. 지금 시각으로 본다면 아주 불량 학생들이지만, 우리 촌놈들의 고교 시절은 그래도 꿈과 낭만이 있었다.

고등학교 졸업 후에는 그는 늘 바쁘다는 의사, 나는 전국을 방랑하는 직업군인. 각자의 길을 가느라 자주 연락도, 만나지도 못했다. 지금쯤 하늘나라에서 술 생각이 나면 그때를 생각할지도 모르겠다.

이보게, 조금만 기다리게나. 남아 있는 다섯 명의 촌놈들도 이제 얼마 남지 않았으니까. 다음에는 벌써 가 있을 법한 번갯집 주모도 냉큼 술상머리에 불러놓고 같이들 한잔하세나.

어느 울적한 날의 자화상

 서쪽 하늘의 저녁노을이 점점 사그라질 때, 먼 산이 불그레한 노을을 배경으로 시커먼 윤곽을 던지면서 앞으로 다가온다.

 나는 석양에 붉게 물든 하늘을 바라보며 산골 저수지 둑방에 앉아 있다. 서늘한 바람이 불어와 나뭇잎이 흔들리면서 저수지 수면에는 잔물결이 일어난다. 주위는 어둠에 잠겨들기 시작하고 세상은 정적 속으로 가라앉는다.

 황홀한 저녁노을을 바라볼 때면 빛과 구름의 장엄한 조화에서 오는 감동은 일시적일 뿐, 붉은빛이 점점 스러지고 어둠이 내려 덮일수록 나는 인생의 황혼을 맞이하는 기분에 젖어 들어 짙은 회색의 절망감에 사로잡힌다.

 잠시 넋을 잃고 있는 사이, 한순간 아찔한 현기증과 더불어 의식이 혼미해지면서 내 영혼이 육신을 빠져나가는 듯한 느낌과 함께 나는 껍질만 남게 된다.

갑자기 중년의 한 남자가 어둠 속에 앉아 있는 모습이 눈에 들어온다. 눈가의 잔주름, 희끗희끗한 머리칼, 초점이 흐린 눈동자, 오랜 세월의 떠돌이 생활에서 몸에 밴 무료한 표정은 인생을 무척 고달프게 살아온 모습이다.

이게 바로 전생의 '나'였던가, 아니면 현생의 내 모습인가. 이 나이가 되도록 인생을 어떻게 살았기에, 무엇을 하였기에 이렇게 초라하게 보일까.

잠깐 눈을 감았다가 뜬 사이에 하늘에는 희미한 노을의 잔영만 남아 있고 어둠은 더욱 짙어졌다.

나에게는 가끔 내 자신의 모습이 보인다. 그러기에 나는 항상 머리가 복잡하고, 인생을 어렵고 피곤하게 살아가는가 보다. 자기 자신을 돌아보지 않는 것이 오히려 행복한 삶일지도 모른다. 타인의 시선은 고사하고, 자신마저도 의식하지 않는 사람들처럼 단순한 사람이 되었으면 좋겠다.

밤이면, 홀아비 생활에서 풍족한 것이라곤 시간뿐이다. 오늘 밤은 무얼 할까. 책을 읽을까, 음악을 틀어 놓고 일찌감치 잠을 청할까, TV를 붙들고 씨름을 할까, 멀리 있는 가족에게 전화를 할까.

혼자만의 느긋한 시간에 새삼스레 가슴이 벅차오른다. 아 참! 저녁 식사부터 해결해야겠지. 오늘은 무엇을 먹을까, 어느 식당을 찾아서?

에라, 모르겠다. 모두 그만두자. 번거롭고 귀찮기만 하다. 혼자만의 나날들이 어제오늘의 일이던가. 어둠 속에 그냥 묻혀 있고만 싶다.

십 년 만의 귀가

아이들이 어릴 때 나 혼자 집을 떠나서 전국 각지의 부대를 전전하다가 만 십 년의 세월이 지나서야 집으로 돌아왔다. 그동안 딸아이는 대학원을 졸업하고 둘째 녀석은 군대에 간 후에야 수도권으로 보직되어 집으로 왔다.

고적한 집안에는 외로움에 찌든 안방마님이 부스스한 모습으로 앉아 있다가 억지 미소를 지어 보이지만, 그 모습은 늦가을 서리에 절은 한 송이 들국화 같다. 아들 녀석이 쓰던 방에는 먼지가 내려앉은 책꽂이에 책들만 휑뎅그렁하니 놓여 있고, 딸아이 방 역시 이제는 자기 일도 바쁜지 비어 있다.

십 년 세월의 흔적인가. 아내의 얼굴에는 어느새 눈 가장자리와 이마에 잔주름이 생기고 머릿결에는 허연 새치가 드문드문 눈에 띈다. 쉽사리 지워질 것 같지 않은 수심이 짙게 밴 아내의 어두운 모습에 가슴이 찡하게 아려 온다.

그동안 아내와 아이들을 만나지 못한 것은 아니지만, 어쩌다 2, 3일간 외박을 나오거나 아내가 나의 근무지로 잠시 내려 올 때도 우리는 이산가족 상봉하듯 잠깐 만났다가 이내 헤어져 버리곤 해서 이렇게 절실하게 아내의 모습을 느끼진 못하고 지내왔다.

오랜만에 반쪽 가족이나마 같이 지내다 보니 혼자 살아온 습관에 젖은 탓인지, 가족 공동체 생활에 적응하는 문제가 의외로 심각하다.

매일 잠들고 아침에 일어나는 시간에서부터 하루하루의 일상적인 생활 리듬이 서로 다르고, 사소한 일에도 인식의 차이가 세월만큼이나 멀어져 있었다.

퇴근 후 혼자 지낼 때는 텅 빈 공간에서 공기의 흐름마저 느낄 정도의 무거운 정적 속에 완벽한 개체의 생활과 정신적 사고에 익숙하여 왔으며, 상대방을 의식해야 하는 대화마저도 불필요한 환경에서 살아왔다.

이처럼 홀로 조용한 생활에 익숙했던 때문인지, 부엌에서 딸그락거리는 소리나 발걸음 소리에도 신경이 거슬리고 두 사람이 한 침대를 사용하는 잠자리도 불편하기만 하다.

이윽고 딸아이는 집에 들어오면 조용조용 하느라 행동에 눈치를 보는 듯하여 갈수록 집안에는 어색한 분위기만 감돈다. 마침내 아내도 "마치 어려운 손님이 와 있는 것 같다"고 실토를 하고 만다. 가족 공동체 생활에선 사소한 것에도 공통 인식이 필요하고 남편이나 아내, 자식들을 의식한 가운데 평범한 생활적 사고가 필요한가 보다.

부부 사이라도 오랜 세월 떨어져 생활하게 되면 개별적인 인식과 생활 습관이 형성되어, 사소한 일에도 상대방이 어떻게 생각하는지를 몰라서 눈치를 살피다 보니 매사에 신경이 쓰이고, 그러다가 결국엔 가족 간에도 서먹서먹해지는가 보다. 아마도 난 우리 가정에서 이방인이 되어버린 것 같다. 얼마큼 시간이 지나야 다시금 가정생활에 동화될까.

어느 군 선배가 들려준 얘기에 의하면, 가족들과 오랫동안 떨어져 생활하던 중에 부인이 내려온 날 밤, 한 침대에서 잠을 자면서 몸을 뒤치다가 옆에 거추장스런 무엇인가 걸리기에 잠결에 두 발로 밀어내고서는 뭔가 떨어지는 희미한 소리를 귓전으로 들으며 세상모르게 잠만 잤었단다.

자다가 남편의 발에 차여 침대 밑으로 굴러떨어진 그 사모님은 아픈 것은 고사하고, 비록 잠결이기는 하지만 돌아누운 남편이 남 같아서 야속하고 한편으론 측은해서 밤새도록 잠을 이루지 못했으며, 오랜 시간이 지난 지금까지도 그때의 일을 두고두고 푸념한다고 했다.

우리는 잦은 이사에도 불구하고 아이들이 어릴 땐 어미 닭이 병아리 몰고 다니듯 함께 어울려 살았다. 그러다가 딸아이가 중학교에 다니면서부터, "제발 학교만은 더 이상 옮기지 않도록 해 달라"는 간청 때문에 나 홀로 떠돌이 생활을 하게 된 지 어언 십 년.

아빠의 공백 기간에 아이들은 모두 성장하여 마음은 이미 부모 품에서 날아가 버리고, 낡은 둥지에는 활기 잃은 어미 새만 쓸쓸히 남아있는 것 같다. 이제 우리 가족의 오붓한 생활은 세월 따라 흘러가 버렸나 보다. 어찌하다 내 아이들도, 감수성이 예민한 시기에 아빠에 대한 그리운 추억이 별로 없는 내 어린 시절의 재판再版이 되어버렸다.

아이들에게 아빠가 필요할 때, 아내가 외로움과 세상살이에 지쳐 힘겨워할 때, 두 아이들의 대학 입시전쟁 뒷바라지에 한숨지을 때 나는 그들을 내버려두고 그 오랜 세월을 나 혼자 무엇을 위해, 어디서 무엇을 하고 있었던가. 외롭게 살아온 아내와 아이들에게 무슨 말로 위로를 해야 하나.

이제 와서 성취한 것도 별로 없이 희끗희끗한 머릿결에 나이 들고 지친 모습으로 돌아와 보니, 텅 빈 집안에는 주름진 아내의 애처로운 표정과 이방인이 되어버린 나 자신의 허름한 모습만 남아있다. 나의 십 년 세월은, 내 인생은 어디로 가버렸을까.

천성天性에 맞지 않는 길이었지만, 어려운 형편으로 마지못해 택한 길에서 그래도 이만큼 살아온 것을 위안으로 삼아야겠지. 삶에는 어차피 아쉬움이 따르는 것을.

까치집

차가운 겨울 하늘에
외롭게 버려진 까치집 하나,
찬바람에 오돌오돌 떨며 매달려 있네.

녹음 무성한 지난여름 까치 한 쌍이
사랑을 나누고 알을 품어,
새끼 치면서 꿈을 키우던
아늑했던 보금자리.

이제는 모두가 훌쩍 떠나버리고
폐허된 텅 빈 둥지엔 쓸쓸한 바람소리만
남아 있네.

이제야 문득 되돌아보니,
내 마음속에 남은 건
텅 빈 까치집 하나.

세상사 잡다한 굴레에 묶여 허둥대다 탈진하여
마침내 버려진 내 모습은
바람 이는 나목 위에서 오도카니 떨고 있는
까치집 하나.

뿌린 대로 거둘 수 없는 게 인생일지도 모르거늘,
어느 누가 뿌린 대로 거두는 법이라
장담했던가

구름 위를 흐르는 까치집을 바라볼 때면
내 가슴 아리도록 시려온다네.

불꽃

어느 해 사월 하순경, 햇볕 따스한 봄날에 어머님이 세상을 떠나셨다.

새벽 일찍 연락을 받고서 부랴부랴 시골로 내려갔다. 병원 영안실에 들어서니 흰 천으로 전신을 가리고 누워계신 어머니는 한 줌 안으로 쏘옥 들어올 만큼 너무나 왜소해 보였다.

얼굴을 가린 천을 내리니, 생전에 그처럼 차갑고 도도하던 표정은 흔적도 없이 사라져버리고 이제는 텅 빈 것만 같은 무표정한 얼굴에서, 슬픔보다는 오히려 담담한 연민의 정이 솟았다.

소도시 변두리의 야산지대에 위치한 작은 화장터는 싱그러운 신록에 둘러싸여 정적에 잠겨 있고, 한적한 시골 농가와도 같은 단층 건물엔 봄 햇살이 노랗게 내려앉아 있었다.

소각로 입구에는 직사각형의 석고 철판이 놓여 있어, 그 위로 목관이 조심스레 올려졌다. 한 인간이 이 세상에 존재하였음을 시각視覺으로 확인하는 마지막 순간이었다.

이윽고 무표정한 화부火夫의 손길이 벽에 설치된 스위치를 누르자 가족들의 흐느낌 속에 레일 위로 목관이 스르르 흘러, 좁은 동굴과도 같은 소각로 안으로 빨려 들어갔다. 곧이어 "딸각." 하고 안착을 알리는 가벼운 금속성 소리가 들렸다.

잠시 후, 양쪽 벽에서 시뻘건 불길이 뱀 혓바닥처럼 기다랗게 뻗어 나와 목관을 슬쩍 핥는 듯하더니, 이내 "퍽!" 하는 소리와 함께 파르스름하게 변한 불길이 사방에서 거센 기세로 관을 덮치자 좁은 동굴은 화염에 휩싸였다.

순간, 소각로 입구에 숨겨져 있던 철문이 위로부터 소리 없이 내려와 사자死者를 이승과 차단시켜버렸다. 다시금 푸른 유리벽이 내려와서 철문마저 가려버리자 실내에는 정적이 흐르는 가운데 가족들의 허망한 시선만 허공을 맴돌았다. 이제 와서 어떠한 말도, 나눌 회한도 무슨 소용이랴. 형제들은 서로 시선을 피한 채 표정이 굳어 있었다.

담배 한 개비를 빼들고 건물 밖으로 나왔다. 정수리에 쏟아지는 따가운 햇살, 반짝이는 신록 그리고 파랗게 빛나는 봄 하늘. 봄날은 아무런 일도 없었던 것처럼 시치미를 떼고서 화창하기만 했다.

그늘을 찾아 건물 뒤편으로 돌아가니 소각로 기계실이 있었다. 그곳에서는 작고 동그란 유리 구멍을 통하여 불길 속 아비규환의 세계가 보였다. 여기가 세상을 떠난 혼령이 천당에 이르기 전, 속세에서의 죗값을 치르기 위해 심판을 받는다는 연옥 세계인가.

목관은 이미 두터운 불꽃에 덮여서 보이지 않았다. 성난 파도처럼 거센 불길이 사방에서 밀려와 소용돌이치는 용광로의 중심에는 파르스름한 불꽃이 끓어오르고, 가장자리의 짙붉은 불꽃은 너울너울 춤을 추며 손짓을 했다. "들어오라. 어서 들어오라"고.

화려한 불꽃은 사람의 넋이 빨려들 정도로 너무나 아름다웠다. 점점 눈이 어지럽고 정신이 혼미해졌다. 나는 그만 지그시 눈을 감아버렸다.

하지만, 내 심령의 가느다란 시선은 유리 구멍을 지나서 불길 속으로, 소용돌이치는 거센 불길에 밀리면서 힘겹게 불길을 거슬러 목관을 뚫고 흘러 들어간다.

수의에 싸여서 반듯이 누워 있는 시신이 보인다. 목관 안의 공기는 이미 터질 듯 팽창하여 폭발 직전의 상태에 있다. 시신에서는 땀인가, 눈물일까, 회한의 피눈물이 샘솟듯 흐른다.

마침내 발갛게 달구어진 목관의 파편이 사방으로 튕겨 나가면서 성난 불길이 시신을 덮치자, 머리카락이 사르륵 오그라들다가 흔적 없이 사라지면서 전신이 불길에 휩싸인다. 드디어 얼굴 근육이 씰룩이다가 일그러지면서 꽉 다문 이빨이 하얗게 드러난다.

갑자기 핏망울이 선 두 눈동자가 화들짝 놀란 듯 떠지더니 시신의 상체가 벌떡 일어난다.

"아앗! 이놈들아. 안 돼, 안 돼. 아직 안 돼, 이놈들아. 어찌 나를…, 난 갈 수 없어."

생에 대한 미련인가. 처절한 몸부림과 피를 토하는 절규가 불길 속에서 회오리친다. 그러나 펄펄 끓어오르는 용광로의 쇳물은 아랑곳없이 한 인간이 하얗게 표백되어 무無의 상태로 되돌아갈 때까지 무자비하게 육신을 태우며 영혼을 불사르고 있다.

환청인가. 어디선가 목탁 소리와 더불어 독경 소리가 나직하게 들려왔다.

"톡! 똑 똑, 또르르르…."

"一切有爲法 如夢幻泡影 如露亦如電…."

(모든 것은 꿈이요, 환상이요, 거품이요, 그림자와 같으며, 이슬과도 같고 또한 번개와도 같나니….)

건물 지붕 위의 굴뚝에서는 시신이 몸부림칠 때마다 시커먼 연기가 풀썩풀썩 솟아올랐다. 연옥의 불꽃은 세상사 온갖 애증과 맺힌 마음을, 먼지를 남김없이 태워버리려는가 보다.

이윽고 계속되던 처절한 몸부림이 잦아드는지, 지붕 위 굴뚝에서는 봄 아지랑이 같은 열기만 하늘하늘 날아오르고 있었다.

 한 시간 남짓 지나서, 소각로 입구의 철문이 올라가고 석고 철판이 미끄러져 나왔다. 목관이 얹혀 있던 자리에는 형체조차 알아볼 수 없이 사그라지고 하얗게 바랜 유골의 잔해만 흩어져 있었다.
 잔해를 집게로 집어 올리니 푸석푸석 사그라졌다. 손에 힘을 빼고서 조심스레 집어 올려 알루미늄 믹서에 넣었다. 믹서를 돌린 후 뚜껑을 열어젖히니 혼령이 날아오르듯 하얀 먼지 가루가 공중으로 뿌옇게 피어올랐다.
 어머님의 팔십오 년, 애증의 세월이 한 줌의 재로 삭아 있었다. 한 인간이 마지막으로 남긴 것이 겨우 이것이던가.
 어머니, 당신은 누구였습니까. 나는 아직도 당신이 누구였는지 알 수가 없습니다. 한평생 마음의 문을 걸어 잠그고선 자신 외에는 어느 누구도 받아들이려 하지 않았습니다. 자식은 물론, 어린 손자마저도 한 번 품어주지 않았습니다.
 유난히 자신만을 아끼고 챙기면서 한평생을 아집으로 살다 가신 어머니, 주변 사람들에게 그 흔한 통속적인 사랑의 마음 한 조각 베풀지 않고서 스치는 사람마다 심장을 할퀴며 진한 아픔만 안겨주셨던 어머니.
 어머님, 당신은 진정 누구였습니까. 생전에 무엇을 위해 그

토록 인생을 외롭게 사셨습니까. 잠시 후, 이 유골마저도 묻히고 나면 당신이 세상에 다녀갔다는 흔적은 그 어디에도 없을 것이며, 우리의 머릿속에 남아 있던 기억조차도 쉬이 사라지고 말 것입니다. 그렇더라도 혹시나 서러워 마시고 인생 자체가 부질없는 것일진대, 맺혔던 마음 푸시고 편히 잠드소서.

어머님 유골은 고향 마을 앞산, 아버님 곁에 모셨다. 사십여 년을 외롭게 혼자 계셨던 아버님 혼령이 반기실까, 아니면 벌써 잊었노라며 덤덤한 심정으로 맞이하실까.

묘지 주변의 과수원 능선마다 복숭아, 사과꽃이 안개처럼 아스라이 피어오르고 후미진 언덕에는 진달래꽃이 군락을 이루어 흐드러지게 피어 있었다. 하늘은 온통 봄기운으로 뿌옇게 흐린데, 어디선가 뻐꾸기 울음소리가 아지랑이를 흔들며 들려오고 있었다.

사월은 정녕 잔인한 달이었다.

촌평

심령의 시선, 너무 리얼해서 몸서리쳐집니다. 4월에 언니를 보내면서 비슷한 체험, 심경이었기에 공감이 크네요.
단순한 이별의 애통함이 아닌, 망자의 삶에 대한 아쉬움으로 눈물조차 흐르지 못하던 그날….

– 이복희 (수필가)

한 인간의 삶과 죽음, 그리고 사라짐이 눈에 선하네요. 산자의 슬픔은 뒤로한 채 자연은 온통 봄기운에, 뻐꾸기 울음소리도 무심한 듯합니다.

인간의 삶이 무상이요 무념인 듯, 말없이 말하고 계신 작품 감명 깊게 읽었습니다. 요즘 수필에서 필요한 시각적 형상화에 큰 감동을 받고 갑니다.

— 김형구 (서양화가 · 수필가)

떠도는 마음

 잿빛 겨울 하늘이 갈수록 무겁게 내려앉는다. 남녘 바다는 아직 보이지 않는데, 바람결에 눅진한 갯내가 먼저 달려와서 반긴다.

 드디어 흐린 하늘에서 희끗희끗한 눈발이 벚꽃처럼 흩날린다 싶더니, 갑자기 한순간에 사위가 캄캄하게 어두워지면서 목화송이 같은 굵은 눈보라가 시야를 가리며 휘몰아치기 시작한다.

 전조등을 켜보지만 불빛이 앞으로 나가지를 않는다. 눈이 어지러울 정도로 허공을 질주하는 무수한 점들이 긴 선을 그리며 달려와 차창에 부딪힌다. 하늘과 대지의 경계선이 점점 허물어져 간다. 나의 애마는 몸을 잔뜩 움츠린 채, 하얀 어둠의 터널 속으로 비틀거리면서 빨려 들어간다.

 오늘은 여기가 어드 메인가, 남해안 바닷가 한적한 포구. 눈발 사이로 흐릿해져 가는 진도대교가 발아래로 내려다보인다.

거친 물결이 넘실대며 끊임없이 먼 바다로 달려가는 잿빛 썰물은 거센 바람을 타고 울돌목 좁은 해협에서 소용돌이치면서 울부짖는다.

갑작스런 날씨에 갈매기들이 울며 황급히 둥지를 찾아 날아들고, 고기잡이 작은 배도 엔진이 터지도록 시커먼 연기를 뿜으면서 힘겹게 썰물을 거슬러 포구로 돌아오고 있다.

낮게 드리운 눈구름 탓인가, 벌써 저녁 무렵이 되었나? 어둠에 잠겨드는 건너편 포구에는 불빛이 하나둘 반짝이기 시작한다. 낯선 고장을 헤매는 길손에게는 몹시도 아늑하게 보인다.

차창을 가리며 거침없이 쏟아지는 눈보라에 산야는 어둠 속에 하얗게 젖어 가는데, 나는 무리를 잃은 한 마리 철새와도 같이 운전석에 웅크리고 앉아 넋을 잃고 있다.

이제는 어디로 가야 하나, 오늘 밤 쉴 곳은 어디인가. 마땅히 찾아들 곳 없는 이방인의 가슴에 허전한 바람이 밀려온다.

홀로 하는 여행에서 저녁 으스름이 깔리는 무렵이면, 비로소 나그네는 이 세상에 혼자 내버려진 듯 막막한 심정에, 감당하기 힘든 외로움으로 가슴이 시려 울고 싶어진다. 포근한 안식처를 두고서 왜 떠나왔을까 후회하면서도 산허리를 돌아 굽이지는 산길만 봐도 가슴 설레는 나는, 언제나 마음이 떠도는 방랑자.

어디론가 떠나고 싶어 조바심하다 미처 몸이 따르지 못할 때면 마음이 먼저 길을 떠나곤 했지. 그러다 훌쩍, 마음 따라 길을 나서고 보면 또다시 외로움에 지쳐 후회를 하곤 한다. 홀로 보낸 세월이 오래였건만, 이 진저리나는 외로움에는 왜 면역이 생기지 않는 걸까.

어쩌면, 늘 떠도는 이 마음은 새로운 외로움을 찾아 나서는지도 모르겠다.

담배 연기를 보며

 창문으로 밀려드는 노오란 겨울 햇살을 받으며 피어오르는 생담배 연기를 본다.
 선율처럼 부드럽게 흔들리며 타오르는 담배 연기는 끊임없이 솟아오르면서 방향이 수시로 변한다. 담배는 한가롭게 타는데 연기는 무척이나 바쁘다.
 공기의 흐름이 차단된 실내에서는 솟아오르던 연기가 사람의 호흡이 미치지 않는 일정한 높이에 이르면, 횡으로 층층이 엷은 띠를 형성하여 실내를 가득히 채우다가 미세한 공기의 흐름이라도 만나면 층별로 따로이 흐른다. 마치 가을 하늘의 엷은 구름층 같다.
 생담배 타는 연기 줄기는 일정한 질서와 파르스름한 생기가 있다. 그러나 사람의 입으로 뿜어낸 연기는 거무스레하고 생기 없이 퍼지면서 주위의 공기만 더럽힌다. 왜, 인간의 숨결이 가미되어서일까?

인간의 숨결에는 삶에 대한 욕망과 인생살이의 온갖 근심 걱정이 숨겨져 있다. 사람의 입으로 내뿜는 담배 연기가 혼탁한 것은 아마도 이 같은 불순물이 내포되어 있기 때문이리라.

 깊이 빨아들일 때마다 더욱 붉게 타들어 가는 담배 불꽃은 초조하고 긴장된 마음을, 분노한 마음을 태워버린다. 한숨 쉬듯 길게 내뿜는 담배 연기는 시름과 근심을 날려 보낸다. 비록 인체에는 유해하다는 담배지만, 이처럼 우리의 마음을 안정시키고 그 맛을 즐기는 사람에게는 휴식과 평화로운 마음을 안겨주기도 한다.

 한 개비의 담배는 자기 몸을 태움으로써 우리에게 공양한다. 분신공양이다. 연기로 사라지는 담배처럼 우리 인간들 역시 존재 자체에 의미가 있는 것이 아니라 자신을 불사르는 과정이 중요하며, 그 과정이 인생이리라.

 나의 삶도, 나를 의식하는 이들에게 늦가을 낙엽 태우는 냄새와도 같은 향긋한 느낌을 한순간이라도 줄 수 있으면 좋겠다.

때로는 울고 싶어라

가슴 아프게 울어본 적 있는가.
아무도 몰래 혼자서 그렇게 울어본 적이 있는가.

아무런 이유도 없이 먼 하늘 구름을 쳐다보다가,
길섶에 숨어 피어 있는 작은 풀꽃을 보다가도
문득 솟구쳐 오르는 설움을 주체 못하여 소리 죽여 울어본 적이 있는가.

살아오면서 가끔 죄지은 놈인 양
아이들이 들을세라, 아내가 눈치챌세라 소리 죽여 울곤 했다.
그렇게 울다 보면 어느덧 삶이 서러워 더욱 섧게 울다가
서서히 안정을 되찾곤 했다.

이제는 나이가 들수록 눈물도 메말라 간다.

주변의 사소한 일상사에 대한 관심도 시들어 간다.
세상을 따뜻한 시선으로 바라보고자 하던 마음이
세월의 풍상風霜에 하얗게 바랜 고목의 그루터기처럼 메말라 가는 건 아닌지….

울음을 잃은 노년老年이 될까 봐 두렵다.
다시금 가슴 아프도록 울어보고 싶다.
이제는 거리낌 없이 큰 소리 내어 후련하게 울어보고 싶다.
울음의 근원이 뭔지, 그건 굳이 알 필요도 없이.

촌평

근원을 모르는 눈물은 치유의 기능을 갖기도 합니다. 그래서 눈물을 잃어버린 노년이 두려운 것 아닐까요.
행복한 마음이 되기 위해서는 웃음도 필요하지만, 울음 또한 없어서는 안 되는 것 아닌가 싶습니다.

— 이혜연(수필가)

하고많은 생명체 중에 인간으로 태어난 기막힌 우연!
삶이 비록 무겁다 하여 어찌 내려놓을 수 있는가.
길지도 않은 한 번뿐인 인생, 사람답게 살다 가야지.

4. 삶이 비록 무겁다 한들

직업군인이 된 사연

비무장지대에 온 편지

잠시 머물다 온 집 이야기

군대 가면 몇 년 썩는다?

절망은 이르다

내 사윗감의 합격 전말기

난 결코 욕은 하지 않았다

잠시 스쳐 간 시한부 인생

나목

직업군인이 된 사연

현역 시절에 편한 복장으로 민간인들을 사석에서 만나야 할 일이 가끔 있었다. 처음 보는 사람들은 인사를 나눈 후에, 으레 "당신이 군인이라니?"라며 믿기지 않는 표정을 짓곤 했다. 그럴 때면 나는 "왜, 무식하고 용감하게 보이지 않아서 그런가?" 하며 웃음으로 넘기곤 했다.

어릴 때부터 가난한 시골 가정에서 성장하다 보니, 일반 대학에 진학할 형편이 못되어 공짜로 대학과정을 다닐 수 있는 학교를 물색하게 되었다.

고등학교 3학년 초, 담임선생이 진학 희망학교를 파악할 때 들은 지식으로 육군대학에 가겠다고 하였다. 그러자 "넌 가정형편상 그게 좋겠다."라며 선뜻 동의해 주었다. 그러다가 여름방학을 맞아 부산의 형님 댁에 들렀을 때였다. 지나가는 육사 생도의 멋진 교복에 매료되어 알아보니 육군사관학교도 공짜 대학이라는 것이었다.

그래서 육군대학 지망을 아쉬운 마음으로 번복하고 육군사관학교 입학원서를 들고 가니, 담임선생의 말씀이 "넌, 육군대학에 간다고 했잖니?"라는 것이었다. 훗날 알고 보니 육군대학은 현역 소령급 이상의 장교만 입학할 수 있는 교육기관인데, 그 당시의 시골 선생님도 무지하기는 어린 촌놈 학생이나 다를 바 없었던 모양이었다.

그로부터 육군사관학교를 졸업하고 여러 부대를 거치며 소령으로 진급한 후에, 비로소 육군대학을 졸업하면서 대학교관으로 선발되어 강단에 서게 되었다. 수업 시간에 학생 장교들에게 여담으로, 내가 군인이 된 역사(?)를 이야기하면서 "내 어릴 때의 희망이었던 육군대학을 졸업했을 뿐만 아니라, 이제는 교관까지 하게 되었으니 소원을 백배 성취하였다."고 하자 한바탕 폭소가 터져 나왔다.

군 생활의 첫 시작인 육군사관학교에 입학하기까지도 순탄하지가 않았다. 당시의 입학시험은 필기시험에 합격한 학생들 중에서 엄격한 신체검사와 체력측정, 면접시험 과정을 거쳐서 최종 합격자를 선발했다.

그런데, 어려서 일찍 아버님을 여의고 춘궁기에는 고구마죽이 주식이었던 농촌 가정에서 자란 때문에 고교 졸업반 시절의 나는 허약한 체격이었다. 따라서 육사 시험과정 중에서도 체력측정이 가장 문제가 되었다. 당시의 체중은 합격기준 54Kg에 반하여 50kg에 불과하였으며, 2,000M 달리기와 무게 들기도 힘에 부쳤다.

그래서 신체검사하는 날, 체중을 측정하기 직전에 교내 매점으로 달려가서 빵과 음료수를 허겁지겁 뱃속에 밀어 넣었다. 남산만큼 솟아오른 배를 안고서 가니, 어찌 이런 일이? 불행하게도 앞선 대기조가 밀리는 바람에 2,000M 달리기부터 한다는 것이 아닌가.

어쩔 수 없이 손가락을 목구멍에 집어넣어 먹은 것을 토해내고서 달리기를 하였으나 뱃속이 불편하여 중도하차하는 수밖에 없었다. 이어서 체중 측정과 무게 들기에서도 실격하여 그 해의 입학시험에서 낙방하고 말았다.

지금 생각하면 배꼽을 잡고 웃을 일이었지만, 가난한 환경에서 공짜 대학밖에는 살길이 없다고 생각했던 당시의 나에게는 몹시도 비참한 일이었다.

그 후 세상을 욕하며 방황하다가, 공장에 취직하였다가 뛰쳐나오기도 하며 일 년을 허송하였다. 그러다가 가출하여 서울서 유학하는 고향친구 자취방에 얹혀 지내면서 체력단련과 고교시절의 낡은 교과서만 붙들고 늘어진 덕분에 드디어 육사시험에 합격하였다.

군대가 적성에 맞지도 않을 것 같던 내가 이처럼 군인이 무엇인지도 모른 채 직업군인이 되었다. 그로부터 30여 년이 지나도록 외길만 걸어오면서 변변치 못한 시골 고등학교를 졸업한 때문인지, 아니면 촌놈 특유의 끈질긴 근성 덕분인지 겨우겨우 해서 별까지 달게 되었다.

그러나 일반인들이 피상적으로 생각하고 있는, 고급장교로서의 여유를 향유해보지도 못한 채 스스로 찾아서 하는 일에 짓눌려서 소시민적인 고달픈 삶만 살아왔다.

그동안 잦은 전출로 인하여 아이들이 초등학교를 다니는 동안에 딸아이는 일곱 번, 막내 녀석은 여섯 번이나 전학을 해야 했다. 그래서 그들에겐 모교도 고향도 없다.

딸애가 중학교에 입학하면서부터 "아빠, 제발 학교만은 더 이상 옮기지 않도록 해주세요."라는 간청 때문에, 혼자 집을 떠나서 아이들이 대학을 졸업하도록 십여 년 이상을 이산가족처럼 전국을 떠돌면서 아빠 노릇, 남편 노릇도 제대로 하지 못하고 살아왔다.

그런데 어느 시절에 군인은 독재자의 대명사로 매도되고, "사람과 군인이 간다."라는 말이 회자되었듯이 군인은 무슨 특수기질을 타고난 사람처럼 취급받던 시절이 있었다. 그러나 군인도 지극히 평범한, 바로 우리의 부모, 형제, 아들들이며 군을 직업으로 선택한 특수 직업인일 뿐이지 않은가.

가난했던 환경 때문에 직업군인의 길로 들어서게 되었지만, 나는 그 길에서 나름대로 최선을 다해왔으며 또한 어린 시절의 소박한 꿈을 백배 이상 성취한 자부심으로 주변의 시선에 아랑곳없이 직업군인을 천직으로 알고서 살아왔다.

 사노라면, 개인의 적성이나 전공분야에 맞는 직업을 가질 수 있는 행운을 얻은 자가 얼마나 될까.

육사 생도

육군 준장

비무장지대에 온 편지

 오랜 세월 어둠 속에서 잠자던 낡은 일기장을 펼치니 풀썩, 먼지 냄새에 실려 젊은 날의 아쉬웠던 추억이 깨어난다.

 이 작은 한반도에 동서로 군사분계선이 가로 그어져 내 조국은 허리가 잘렸다. 그 선을 경계로 남북으로 2km씩 떨어져 남, 북방 한계선이 설정되어 철조망이 깔리고 상호 왕래가 단절되었다. 이렇게 폭 4km, 길이가 서해안에서 동해안까지 250km인 이 지역을 비무장지대(DMZ)라 한다.
 한국전쟁 이후, 인적이 끊어진 비무장지대에는 무성하게 자란 갈대와 원시림을 방불케 하는 울창한 산림이 형성되어 온갖 들짐승들의 낙원이 되었다.
 이 같은 비무장지대 안에는 남북 양측에서 중요한 고지마다 적 활동을 감시하기 위해 철책을 두른 감시초소(GP)를 설치하여 서로 대치하고 있다. 그곳은 며칠에 한 번씩 보급품을 운반

하는 군 차량 외에는 외부와의 접촉이 일체 차단된, 망망대해의 고도와도 같은 육지 속의 외딴섬이다.

육군 소위로 임관하여 소대장으로 처음 부임한 곳이, 강원도 철원군에 있는 안암산(해발 587m) 아래에 위치한 GP였다. 그곳은 전방에 횡으로 뻗은 좁고 기다란 평야지대를 가운데 두고서 북측의 오성산(1,062m)과 마주하고 있었다.

GP에서는 야간이면 철책선을 따라 구축된 잠복호에서 전 소대원이 경계 근무를 하고 주간에는 관측 요원을 제외하고는 취침을 하는, 밤낮이 뒤바뀐 생활을 반복했다. 마주하고 있는 적 GP와의 거리는 불과 1㎞ 정도로써 양측의 확성기를 통한 선전 소리가 온종일 골짜기를 울리고 있었다.

그러나 그와 같은 인간사와는 아랑곳없이 눈 아래로 펼쳐진 들판에는 송사리, 피라미 떼가 헤엄치는 파란 시냇물이 갈대숲 사이로 흐르고, 울창한 숲 사이로 수십 년 동안 방치된 논자리가 곳곳에 물웅덩이를 이루어서 계절 따라 철새들을 유혹하는 평화로운 초원지대를 형성하고 있다.

봄이면 들판에는 연녹색 새싹이 안개처럼 피어오르고, 아지랑이 속에 온갖 풀꽃이 장관을 이루었다. 여름날의 짙푸른 녹음 속에서는 이름 모를 산새들이 둥지를 틀고 개구리, 메뚜기 같은 작은 생명들이 소리 없이 약동하는 비밀스러운 세계가 펼쳐졌다. 또한 무더운 여름날 석양 무렵이면 더위를 식히려는 노루 떼가 물웅덩이에서 텀벙대며 한가롭게 물장난치는 모습도 볼 수 있었다.

갈대 꽃술이 눈발처럼 어지러이 흩날리는 늦가을이 되면 시계視界 청소를 위해 피아간에 갈대숲에 불을 질렀다. 거센 바람을 타고 시뻘건 불길이 혀를 날름거리며 사방으로 번져 나가기 시작하면, 불길에 놀란 꿩 무리가 황급히 날아오르고 짧은 꼬리를 치켜세운 노루 떼가 사방으로 튀며 달아났.

이윽고 불길이 휩쓸고 간 들판은 검은 잿더미로 뒤덮인 황폐한 죽음의 대지로 변했다. 찬 서리에 뒤이은 매서운 북풍이 휘몰아치기 시작하면 비무장지대의 산과 들판은 꽁꽁 얼어붙은 겨울잠 속으로, 무거운 침묵 속으로 잠겨버렸다.

어느덧 비무장지대에 들어온 지도 거의 일 년, 한 해를 마무리하는 연말을 이곳 눈 덮인 들판에서 맞이하였다. 그동안 외부와의 접촉이 단절된 상태에서 속세 사람들의 생활상도 잊으리만치 수도승이 다 되어버렸다.

그러던 어느 날, 발신인의 주소가 없는 낯익은 필체의 편지를 이곳 비무장지대에서 받았다. 지난 일 년 가까운 세월 동안, 갈대 무성한 비무장지대의 초원에서 애써 담담한 심정을 유지하여 왔건만 봉투를 뜯기도 전에 들려오는 그녀의 애잔한 음성에서 내 손가락은 미세한 경련을 일으켰다.

"소식조차 없었던 한 해가 미련 없이 가버리려는 지금, 안녕이라도 빌고 싶은 마음으로…."라고 시작되는 그리운 이의 편지.

희미하게 사라져 가던 그녀의 모습이 한 통의 서신으로 다시금 생생히 살아날 줄이야.

그러나 아쉬운 마음은 아쉬움 그대로, 안개처럼 흐릿한 기억의 저편에 남겨두는 것이 보다 아름다운 인연이 아닐까. 지금은 그녀의 주소마저 잊었는데…. 찬바람이 내 마음을 실어 그녀에게 전해줄까?

여기는 지금, 연사흘 동안 눈보라가 치고 있소. 희뿌옇게 내려 덮인 눈구름 속에 하늘과 땅은 그 경계선을 잃어버리고, 비무장지대의 산과 들판도 설원을 이루어 백야처럼 밤낮의 구분도 잊어버렸다오.

앞을 가로막은 철책선 마디에는 하얀 눈얼음이 굵게 매달리고, 그 사이로 흐르는 세찬 바람은 내 가슴속 억눌린 울음을 토해내듯 긴 휘파람 소리를 내면서 허공을 울리고 있소.

그리운 사람이여. 이제 와서 또다시 마음에 파문을 일으키고 싶지는 않소. 우리의 짧은 인연, 인생의 향기로 소중히 간직하리다.

머잖아 황량한 이 들판에도 다시 봄이 찾아와 초원에 파릇한 새싹이 피어오르기 시작할 때면, 나도 새로운 모습으로 이곳을 떠나게 되겠지.

밤하늘의 찬바람이 목덜미로 스며들고 부여잡은 카빈 소총이 시리기만 했다.

잠시 머물다 온 집 이야기

 한때, 내가 머물렀던 공관公館은 억만장자의 별장이 부럽지 않은 곳이었다.

 경상남도 하동군에 인접한, 사천시 곤양면의 대나무 숲이 울창한 야산지대에 내가 근무했던 부대가 있었다. 산골짜기 숲속에 맑은 저수지가 있는데, 그 가운데로 돌출한 작은 능선 위에 공관이 자리 잡고 있어 삼면이 푸른 물에 둘러싸여 있었다.

 물안개가 엷게 피어오르는 이른 아침에 물가의 산책로를 따라 걸으면 계절 따라 변하는 숲 색깔이 파노라마처럼 흘러가고, 산새 소리와 상쾌한 풀 냄새에 머리가 맑아졌다.

 거실에 앉아서 유리창 밖을 내다보면 푸른 잔디가 깔린 작은 정원이 펼쳐졌다. 담쟁이로 덮인 나지막한 울타리를 경계로, 정원 안쪽은 잘 다듬어진 소나무와 황금빛 측백, 단풍나무, 화사한 넝쿨장미 같은 정원수가 아름다웠다. 바깥쪽으로는 감나무와 벚나무, 대나무 숲 그리고 자연 그대로의 무성한 숲이 둘러싸고 있어 정원은 숲속의 아늑한 분지를 이루고 있었다.

그곳에는 아침 이슬이 지기 전부터 까치와 산새 소리가 먼저 찾아들곤 했다. 또한 풀숲에는 여치와 사마귀들이 먹이를 찾아 사그락거리고 하늘에는 잠자리 떼가 무리 지어 비행하는, 곤충들의 작은 세계가 펼쳐졌다.

정원 한쪽 연못에는 저수지에서 낚시할 때마다 잡아넣은 붕어와 잉어, 송사리 무리들이 모여서 평화롭게 살고 있었다. 수면에 몰려다니는 송사리 떼의 모습은 자연 그대로의 장관을 연출했다. 연꽃 그늘 밑으로는 물고기들이 몰려들고, 어디선가 찾아온 참개구리가 연잎 위에서 놀다가 자릿세를 내느라고 가끔씩 개골거리면서 소낙비를 예고해주곤 했다.

나는 시골에서 성장한 때문인지 거주하는 곳마다 여건만 허락되면 텃밭을 일구어서 채소나 오이 등을 자급자족할 겸, 관상용으로 가꾸기를 좋아했다. 그런 것들을 가꾸면서 푸르고 싱그럽게 자라나는 모습을 볼 때면 마음이 평화롭고 풍요로워진다.

그곳에 부임하던 해부터 저수지 주변 산책로를 따라서 비탈진 곳곳에 구덩이를 파고는 오이, 방울토마토, 호박을 심었다. 평지에는 텃밭을 일구어 상추, 고추, 가지 등의 푸성귀를 심어서 손님이 올 때면 한 아름씩 안겨주곤 했다. 공관을 찾는 젊은 세대들과 흙을 모르는 아이들에게는 흙과 자연을 접할 수 있는 산 교육장이 되기도 했다.

공관 뒤편의 넓은 대나무 숲에는 토종닭들이 스스로 알을 품고 병아리를 부화시켜 닭들의 야영장에는 할머니, 이모, 사촌 병아리 들이 옹기종기 모여서 살고 있었다.

밤이 되면 병아리나 알을 품은 어미 닭을 제외하고는 모두 대나무 위에 올라가서 잠을 잤다. 어쩌다 들고양이나 너구리가 기웃거리는 밤이면, 대나무 위의 닭들은 일제히 꼬꼬댁거리면서 요란스럽게 날갯짓을 했다. 닭들이 푸드덕거리면서 어지럽게 대나무 사이를 날기 시작하면 대숲이 출렁이면서 밤의 정적이 깨뜨러졌다. 동거 중인 두 마리 거위는 목을 길게 빼고 꿱꿱거리면서 침입자를 따라다녔다. 이쯤 되면 침입자는 사냥을 단념해버렸고, 땅 위에서 잠자던 병아리와 어미 닭들은 안도의 숨을 내쉬곤 했다.

무리 중에는 외로운 칠면조 암컷 한 마리가 있어, 암탉이 잠시 쉬는 틈에는 기특하게도 대신 알을 품어주기도 했다. 그러다가 병아리가 깨어 나오면 어미 닭만 따르는 것이 서운했던지, 어느 날부터는 아예 본격적으로 달걀을 품어 병아리 네 마리를 부화시켰다. 그로부터 칠면조도 어엿한 어미 행세를 했고 병아리는 칠면조를 친어미로 알고서 무등을 타거나 품속에 깃들면서 그 뒤만 아장아장 따라다녔다.

나는 달걀 요리가 필요할 때면, 부활절 성당에서 숨긴 달걀 찾기 하듯 대나무 숲속 여기저기에서 알들을 주워 왔다. 이른 새벽 수탉의 홰치는 소리, 여름날 오후의 나른한 닭 울음소리를 듣고 있노라면 고향 시골집이 생각났다.

내가 부임하기 전, 전임자가 진돗개를 기르다가 두고 갔다. 하지만 녀석이 심심하면 닭들을 괴롭히며 물어 죽이는 바람에 남에게 줘버리고, 발바리와 스피츠 혈통의 암컷 강아지 두 마리를 가져와 길렀다.

이 녀석들은 사람을 따르는 유별난 핏줄을 타고났는지, 주인을 보면 그렇게 좋아할 수가 없었다. 출근 때 현관문을 열면, 문 앞에서 기다리고 있다가 꼬리뿐만 아니라 온몸을 흔들면서 깡충거리는 그 모습은 그렇게 진실할 수가 없었다.

봄이 되자 발바리가 어디선가 바람을 피웠는지, 새끼 네 마리를 낳았다. 눈도 뜨지 못하는 주먹만 한 놈들은 먹고 자는 일이 전부였다. 네 놈이 매달려서 어미젖을 빨기 시작하면 어미는 두 눈을 지그시 감고선 흐뭇한 표정으로 누워 있었다.

새끼들은 배가 부르면 통통한 배를 위로하고선 네 발을 살짝 구부린 자세로 세상모르게 낮잠만 잤다. 강아지들의 덩치가 점점 커질수록 어미의 몰골은 애처로울 정도로 야위어 갔다. 그러던 녀석들이 깡충거리며 재롱을 부릴 때가 되니, 병아리를 쫓아다니며 괴롭히다가 어미닭에게 호되게 당하고선 꼬리를 말고 도망치기도 했다.

처음에는 발바리와 스피츠 사이가 정다웠다. 그러나 발바리가 일가를 이루게 되니, 외톨이가 된 스피츠는 그들 세계에서 구박을 받고 슬금슬금 눈치를 보는 모습이 애처로웠다.

공관 주변의 저수지에는 겨우내 짝 잃은 왜가리 한 마리가 홀로 살다가 봄이 되자 어디론가 훌쩍 떠나버렸다. 그 녀석이 떠나자 저수지 풍경이 쓸쓸하여 토종 오리 새끼를 기르기 시작했다. 두 달 후에는 눈처럼 하얀 외래종 오리 새끼 두 마리를 더 얻어 와서 같은 우리에 넣었다.

아침이면 저수지에 자유로이 풀어놓고, 해 질 녘이면 먹이를 우리 안에 들여놓아 스스로 들어오는 습관을 익히도록 했다. 얼마 지나자 오리들도 버릇이 되어, 서산으로 해가 기울기 시작하면 우리로 찾아 들었다. 귀가 시간만을 기다리는 아내의 심정은 아랑곳하지 않는 술꾼 남편들보다 착실한 것 같았다. 어느 날은, 어쩌다 너무 일찍 귀가하였다 싶으면 우르르 몰려 나갔다가 시간을 맞춰서 다시 들어오는 모습이 재미있었다.

그러나, 오리들이 알을 낳는 습성만은 어쩔 수 없는 것 같았다. 처음에는 우리 안에 찔끔찔끔 낳더니만, 녀석들의 활동 반경이 넓어지고부터는 물가의 아무 곳에서나 낳아버렸다. '낙동

강 오리알'이란 말이 실감이 났다.

　이들이 성장하여 푸른 숲을 배경으로 물 위에 한가로이 떠다니는 모습은 한 폭의 그림이었다. 앞장선 한 마리를 선두로 삼각 대형을 이뤄서 수면에 잔잔한 물살을 일으키며 유유히 흘러가는 모습은 너무나 평화로웠다.

　오리들이 물에서 노는 모습을 가만히 지켜보면, 그 정력은 가히 놀랄 만했다. 수컷 한 마리가 잠깐 동안에 2, 3회 연속적으로, 때로는 암컷 한 마리에 몇 놈이 번갈아 가며 섹스 파티를 벌였다.

　오리가 교미하는 모습은 암컷에게는 다소 모욕적이었다. 한가롭게 물에서 어울려 놀다가도 갑자기 생각난 듯 수컷이 달려들면 암컷은 놀라서 황급히 도망을 쳤다. 수컷이 날개를 퍼덕이며 따라가 암컷을 올라타고서 부리로 머리를 찍어 누르면 암컷은 머리까지 물속에 잠겨서 한동안 보이지도 않았다.

　일이 끝난 후에야 암컷은 물 위로 모습을 드러내고서 숨이 차 죽겠다는 듯 꽥꽥거리며 멀찍이 도망을 갔다. 그러나 곁에서 구경하던 다른 수컷이 쫓아가서 또 올라탔다. 그건 거의 겁탈에 가까웠다.

　암컷들의 머리는 수컷이 올라타서 찍어 누를 때마다 털이 뽑혀 나가서 칠면조 벼슬처럼 벌겋게 살갗이 드러나 안쓰러웠다. 그런데도 암컷들은 배알이 없는지 이내 수컷의 횡포를 잊은 듯 어울려서 놀았다.

평화로운 가운데에서도 오리들의 내면세계를 보면 그렇지도 않았다. 처음에는 토종의 텃세에 어린 외래종 오리들은 가끔씩 부리로 쪼이기도 했다. 또한 그들이 토종 암컷에 가까이 다가가면, 머리에 푸른 깃이 달린 토종 수컷이 '임마! 얘는 내 꺼야.'라는 듯 부리를 쳐들고서 맹렬한 기세로 공격하면 외래종 수컷은 혼비백산하여 도망을 갔다.

그러다가 몇 달 후, 그들의 체격이 월등히 크게 성장하고부터는 형세가 역전되어 토종 암컷을 독차지했다. 토종 수컷은 감히 접근도 하지 못하고 주위를 맴돌면서 안타까운 듯 꽥꽥 소리만 질렀다. 힘이 약하니 종족의 암컷도 보호하지 못했다.

홀로 떠돌아다니는 신세에 잠시 기거하는 곳이 좋으면 뭣하랴마는, 사람의 심성이 자칫 삭막해질 수 있는 특수 직업인들의 심성 순화를 위해 좋은 환경을 배려해주는 것도 바람직하리라.

내 나이 들어 시골에 묻힐 때, 이 정도는 어림없더라도 산골에 작은 집 하나 짓고서 자연을 벗 삼아 허허로운 마음으로 살아갈 수 있다면 얼마나 좋을까. 작은 텃밭을 가꾸어 푸성귀들이 흙에 뿌리를 내리고, 숲의 향기와 기르는 동식물 가족의 미세한 행동에서 자연의 숨결을 느끼며 살아가고 싶다.

군대 가면 몇 년 썩는다?

오늘도 우리 부대에는 삼십여 명의 신병들이 훈련소를 수료하고 왔다.

신고 대형으로 늘어선 그들의 모습은, 아직 몸에 배지 않은 헐렁한 군복에 눈썹까지 푹 눌러쓴 모자 하며, 낯선 환경에 어리둥절한 표정들이 군인이라 하기에는 어색하기만 하다.

선임병의 고함을 지르는 듯한 신고 소리와 함께 내 얼굴에까지 침이 튄다. 신병훈련에서 어느 정도 기합이 들었나 보다. 그러나 어딘가 불안한 듯 두리번거리는 앳된 눈동자와 솜털이 보송보송한 여린 뺨들이 안쓰럽기만 하다.

이들이 부모 곁을 떠난 지가 이제 한 달여. 2년 가까이 남은 군 생활을 훈련소와는 달리, 고참병들이 우글거리는 이곳에서 시작하려니 착잡한 심정에 마음이 안정되지 않는 모양이다. 아직은 초년병이라 군 생활에 적응하기가 쉽지는 않으리라.

오늘은 우리 햇병아리 신병들에게 무슨 얘기를 해줄까. 몇

해 전, 아들 녀석이 군에 갈 때 부모로서 느낀 내 심정을 들려주는 게 좋겠지. 아들이 논산 훈련소에 입소하기 전에 앉혀 놓고서 이런 얘기를 들려주었다.

군 복무 기간 26개월은 인생에서 비록 짧은 시간에 불과하지만, 한창 성장하는 너희들에겐 매우 중요한 시기란다. 이 기간은 한 남자가 성인으로 성장하는 과도기로서, 이 시기를 어떻게 보내느냐에 따라 장차 사회생활에 큰 영향을 미치게 될 것이다.

물론, 군 복무 동안에는 학문이나 전문적인 분야에서의 성취는 전혀 없을지도 모른다. 그러나 너의 마음가짐에 따라서 가정이나 학교에서는 얻을 수 없는 무형의 소득은 엄청날 수도 있을 것이다.

네가 성인이 되어 사회생활을 하게 되면 모든 일을 스스로 판단하고 행동해야 하며, 그 결과에 대해 책임져야 하는 너 자신의 삶을 살아야 한단다.

특히, 조직사회에서는 주어진 역할을 제대로 수행하지 못하거나 구성원 간의 원만한 인간관계를 형성하지 못하면 자칫 도태되고, 심지어는 인생에서도 실패하기 마련이다. 조직사회에서는 개인의 실수에 대하여 무척이나 냉정한 법이란다.

원만한 사회생활을 위해서는 자기중심적인 사고와 생활 방식에서 탈피하여, 개인적인 욕구를 억제하고 타인을 배려할 줄 알아야 하며 상사의 지시에 따르는 한편 주변 사람들과도 좋은 관계를 형성할 수 있는 능력이 필요하단다.

군 생활은 다양한 이질적인 요소로 구성된 집단에서 대인관계 능력을 배양할 수 있는 절호의 기회란다. 군대에선 비록 네가 싫어하는 동료일지라도 때로는 협력해야 하며, 상급자에 따르고 후임병을 거느려 본다는 것은 장차 사회생활을 위해서 좋은 경험이 될 것이다.

이처럼 군 복무 기간은 사회생활을 위한 훈련 과정이며, 자신을 단련할 수 있는 좋은 기회란다. 군대 이외에, 그 어디에서도 이처럼 몸으로 체험할 수 있는 학습 과정은 없을 것이다.

그렇다면 너는, 앞으로 군 생활을 어떻게 해야 할 것인가? 짧은 기간이지만 결코 소홀히 넘겨버릴 시간이 아니란다.

지금까지 아빠가 얘기한 것처럼, 조직에 대한 적응력과 대인관계 능력을 배양하겠다든지, 아니면 다소 내성적인 성격을 활달하게 개조하여 보겠다든가, 그도 아니면 체력만큼은 튼튼하게 단련하겠다든지, 달성해야 할 개인 목표를 설정해 보아라. 그렇게 한다면, 네가 전역할 때쯤이면 무형의 소득은 엄청날 것이다.

이제 훈련소에 입소하는 날부터 너는 홀로서기를 해야 한다. 26개월 후에는 네가 어떤 모습으로 아빠 앞에 서게 될 것인지 진지하게 생각해 보아라.

 그 해, 성탄절을 며칠 앞둔 추운 날씨에 아들 녀석은 논산 훈련소에 입소했다. 대견스럽게도 녀석은 아빠의 계급을 내세워 주위의 어떤 시선도 끌지 않겠다며, 홀로서기를 하겠다고 큰소리치면서 눈물이 그렁한 엄마의 배웅도 마다하고 혼자 논산으로 갔다.

 다음 해, 훈련소를 수료하고 최전방 철책선 부대에 배치되어 근무하다가 첫 휴가를 나왔을 당시의 녀석은, 체중이 무려 10kg이나 줄었다면서 몹시도 초췌한 모습이었다.

 고생되지 않느냐는 엄마의 걱정스러운 물음에 "사내 녀석은 누구나 다 하는 건데 뭐."라며 씨익 웃는 녀석의 눈동자에는 이미 당당한 사내 녀석으로서의 틀이 잡혀가고 있었다. 전역하기까지 2, 3차 휴가를 나올 때마다 더욱 당당하고 늠름하게 변모해 가는 녀석의 모습에 흐뭇해지곤 했다.

 나중에 알게 된 사실이지만 녀석은 훈련소에서는 물론, 자대에 배치되어서도 신상명세서를 작성할 때마다 아버지 직업란에 '상업'으로 기재하고, 자신이 군인의 아들임을 숨기고서 내무생활에서도 그 어느 동료들보다 솔선하여 어려운 일을 자청하며 스스로 고생을 한 모양이었다.

 혹시나 "장군의 아들이기 때문에…"라는 말을 듣지 않으려고, 또한 아빠의 이름에 누를 끼치지 않겠다는 심적 부담감으로 인하여 남모르게 조심하고, 홀로서기 위해 몸부림을 친 모양이었다. 뿐만 아니라, 아빠는 물론 엄마마저도 면회를 오지 말라고 당부하는 바람에 녀석이 전역할 때까지 면회 한 번 제대로 가지 않았다.

그렇게 세월이 흘러 아들 녀석은 제대를 했다. 전역한 지 두어 달쯤 지난 어느 날, 녀석이 외출에서 밤늦게 들어왔다. 표정이 심상찮아서 물어보니 앞서 전역한 고참병을 만나고 오는 길이라 했다.

군 복무 중에 가끔 괴롭히는 고약한 고참병이 몇 있었는데, 녀석은 일부러 그들에게 접근하여 심부름도 자청하고 알랑방귀도 뀌어가면서, 기어코 그들이 자기를 좋아하게 될 때까지 자존심을 죽이며 인내심을 시험하였더란다. 그러나 한 녀석만은 끝까지 마음을 터놓고 사귀지를 못했다고 했다.

그래서 그날은 그 녀석을 찾아가서, 이제는 전역한 사회인으로서 군대 시절 선후배의 인연을 잘 이어가자며 소주 한 잔을 권했더란다. 그러나 술잔이 오가던 중, 예의 고참병으로서의 행패가 다시 나오는 바람에 이 녀석하고는 도저히 인연이 닿지 않는 모양이라 생각하고서 그동안 밑진 것, 본전도 찾을 겸해서 죽지 않을 만큼 두드려 패주고 왔다고 했다. 군대 시절

잘못은 사회에 나와서도 그 대가를 치르는 모양이었다.

이제는 녀석이 전역한 지도 벌써 몇 년이 지났다. 군 생활에서 몸에 익힌 적극적인 성격으로 IMF 시대에도 스스로 직장을 찾고, 또 옮겨가면서 활기찬 인생을 살아가고 있다.

신병들이여. 현재의 그대들에겐 군 생활이 길고도 지루하겠지만 우리의 인생에서 볼 때, 짧지만 너무나 중요한 기간이다. 군 복무 시절을 헛되이 보내지 말고 앞날을 바라보면서 자신을 시험하고 단련하길 바란다.

그대들의 부모님은 자식을 품에서 떠나보낸 이 시기가 가장 허전하고, 줄곧 가슴 졸이면서 그대들이 늠름하게 성장하여 돌아오길 기다리고 있단다.

먼 훗날에 젊은 시절의 나는 국가에 대한 의무를 성실히 수행하였노라고, 또한 그 시절은 무척 보람된 시절이었다고 자부할 수 있도록 군 시절에 멋진 사나이가 될 준비를 하지 않으려는가.

절망은 이르다

 2월 초순, 아직은 봄소식을 기대하기에는 이른 쌀쌀한 겨울 날씨다.

 창밖의 맞은편 언덕 숲에는 낙엽이 지고부터 모습을 드러낸 텅 빈 까치집들이 찬바람이 불 때마다 우듬지에서 흔들리고 있었다.

 어느 날인가, 시끄럽도록 깍깍거리는 소리에 문득 시선을 돌리니 겨우내 버려졌던 낡은 둥지에 까치 두 마리가 마른 나뭇가지를 물어 나르며 수리를 하고 있었다.

 암컷이 꽁지를 까딱거리며 잠시 쉬는 틈에도 수컷이 혼자 나뭇가지를 물고 와서 넘겨주면 암컷이 부리로 받아 집을 지었다. 암수 한 쌍이 협력하여 내일의 꿈을 일구는 다정스런 모습에 내 마음이 절로 흐뭇해졌다.

 그러다가 갑자기 기온이 내려가는 날은 며칠씩 작업을 중단하기도 했는데, 오늘은 짓다 만 둥지 위로 밤사이 내린 눈이 소복이 쌓였다. 까치들도 일손을 놓고서 어디선가 쉬는지 보이지 않는다.

사람들은 미처 봄을 느끼지 못하고 있는 사이에, 까치 부부는 머잖아 다가올 봄을 기다리며 서두르지 않고 끈기 있게 봄맞이 준비를 하고 있다. 그런데도 우리는, 흔히들 현재의 삶에 안주하다가 곧잘 절망에 빠지기도 하고 다가올 미래를 꿈꾸며 준비하는 데는 소홀하기만 하다.

요즘 우리 사회에는, 한창 일할 나이에 조기퇴직이나 실직으로 실의에 빠진 사람들이 많다. 우리 부대, 나의 주변에도 이미 진급의 기회가 지나가버린, 군 생활의 끝이 보이는 장교들이 많다. 그들 하나하나의 표정을 유심히 살펴보면 몹시도 허전하고 서러운 표정들이다. 그들의 표정과 행동에는 마치 인생을 다 살아버린 듯한 공허함과 무기력하고 삶에 지친 기색이 짙게 배어 있다.

이제는 젊은 시절의 꿈을 접어야만 하는 참담한 좌절감에서, 군 생활만이 삶의 전부인 양 외길만 걸어오다가 세상의 막다른 곳에 다다른 듯한 막막한 심정에서, 또한 현재의 직업을 그만두고 앞으로의 생계를 걱정해야 하는 안타까운 처지에서 비롯된 그들의 모습에 이해가 가지 않는 것은 아니다. 한평생을 몸담았던 직업을, 삶의 방식을 바꾸고 새 출발을 한다는 것이 쉬운 일은 아니리라.

그렇지만 낙담하고 애처로운 표정을 짓는다 하여 주변 사람들이 도울 수 있는 일이 아니다. 또한 전역할 때까지 무기력하고 나태한 근무 자세로 시간만 보낸다면 그들이 지금까지 쌓아올린 개인적인 신뢰에 손상만 줄 뿐이다.

그들은 이제 오십 대 전후의 장년기로서 우리나라 남성의 평균 수명을 팔십 대로 볼 때, 아직도 삼십여 년의 긴 세월이 남아 있다. 그리고 초롱초롱한 눈망울로 올려다보고 있는 사랑스런 아이들과 아직도 정다운 연인 같은 아내가 그만을 의지하며 살고 있지 않은가.

사람이 살아가는 길은 많다. 시야가 제한된 군인의 길 외에도 삶의 방법은 다양하고, 인간다운 삶을 누리며 살아갈 수 있는 길은 무수히 많다.

경제적인 면에서도 부족하나마 최저 생계를 유지할 수 있는 연금이 있고, 이십여 년 이상을 자신을 통제하며 고난을 극복해온 강인한 정신력과 어떠한 환경에도 적응할 수 있는 능력이 있다. 여기에 막노동이라도 해낼 수 있다는 의지만 가다듬는다면 오히려 현재의 생활수준보다 못하지는 않으리라.

나 역시도 머지않아 군 생활을 마감해야 하는 처지는 마찬가지다. 그렇지만 나는 전역 후의 새로운 삶에 대한 가슴 벅찬 기대감으로 그날을 기다리고 있다.

젊은 시절부터 삼십여 년을, 사랑하는 가족들과 내 자신을 위한 삶은 누려보지 못하고 푸른 군복의 제약에 하루라도 마음 편히 쉴 수가 없었다. 그러나 이제부터는 두 어깨를 짓누르던 무거운 멍에를 훌훌 털어버리고, 홀가분한 마음으로 인간다운 삶을 누릴 수 있는 멋진 시간들이 다가오고 있다고 생각한다.

다음 날을 신경 쓰지 않고 밤새워 읽고 싶은 책도 읽어보고, 때로는 느긋하게 늦잠도 즐기면서 아내와 다정하게 팔짱을 끼고서 극장 구경, 시장 구경도 하고 싶다. 그러다가 불현듯 마음이 내킬 때면 훌쩍 먼 길 여행도 하며, 인생을 즐기면서 평범한 사람들의 소박한 기쁨을 누리고 싶다.

아울러 그동안 벼르기만 했던 일에 마음껏 열중할 수 있는 활기찬 인생을, 다시금 정열을 불태울 수 있는 나만의 새로운 삶을 누리고 싶다.

전역을 앞둔 직업군인들이여, 우리는 새로운 삶을 두려워하지 말고 추운 겨울에도 봄을 기다리며 꿈을 키우는 활기찬 까치처럼, 다가오는 내일의 아름다운 삶을 위해 즐거운 마음으로 준비를 하자.

내 사윗감의 합격 전말기

　오래전의 일이다. 딸아이와 교제하던 녀석이 결혼 승낙을 받기 위해 내 근무지로 방문하겠다는 연락이 왔다. 그동안 남자친구를 사귀는 줄은 알았지만 막상 일이 닥치니 잠시 당황스러웠다.

　한 번의 대면으로 사람 됨됨이를 파악할 수도 없으려니와, 혹 내가 퇴짜를 놓을 경우엔 본인들의 곤혹스러워할 모습을 감당하기도 어려워서 녀석의 이메일 주소를 적어 보내라고 했다. 이메일로 몇 가지 질문을 하는, 예비고사를 먼저 치르기로 했다.

　결혼은 왜 하려는가?
　원만한 가정을 영위하기 위해선 사랑만으로는 한계가 있다. 남편으로서의 마음가짐과 역할은 어떠해야 하는가?
　자네의 꿈은 무엇인가? 그것을 이루기 위한 인생 설계는 되어 있는가?

그렇다면 앞으로 십 년 후의 바람직한 자네 모습은?

얼마 지나서 답신이 왔다.

질문에 대한 저의 답변을 보내드립니다.
결혼은 사랑하는 사람과 언제나 같이 있고 싶기 때문입니다. 같이 저녁을 먹고 음악을 들으며, 여행도 하면서 일생을 함께하기 위해서입니다. 제가 설계한 미래에 사랑하는 사람이 곁에서 지켜준다면 정말 든든하고 행복할 것입니다.
또한 사랑하는 사람을 위해 저의 모든 것을 베풀고 싶습니다. 가끔 예쁜 선물도 해주고 고민을 들어주며, 힘들 때 기댈 수 있는 사람이 되어주고 싶습니다. 그것은 저에게도 기쁜 일입니다. 사랑하는 사람이 행복해하는 모습을 보는 것은 저에게도 정말 기쁜 일입니다. (…)
저에게 주신 질문은 얼핏 보면 쉬운 문제라고 생각되지만, 어쩌면 남자에겐 제일 어려운 문제인 것 같습니다. 결혼에 대해서 다시 한번 깊이 생각하고, 들뜬 마음을 차분하게 정리할 기회를 주신 것에 감사드립니다. 가까운 시일 내에 찾아뵐 기회를 주시기를 바랍니다.

내 의중을 제대로 파악한 걸 보면, 예비고사는 통과시켜도 될 것 같았다. 어쩌면, 나를 가장 잘 알고 있는 딸아이와 머리를 맞대고 작성한 합작품일지도 모르지만.

어느 주말, 저녁 무렵에 녀석이 딸아이와 함께 내 근무지로 내려왔다. 이미 예비고사를 치른 뒤라서 별다른 얘기를 할 게 없었다. 부근의 조용한 카페로 데리고 갔다.

"자네, 술 좀 하는가?"

"예. 약간은⋯."

"그래, 어느 정도 한다는 말이지?. 남자가 꽁생원처럼 술도 못하면 안 되지."

녀석의 술잔이 비면 채워주고, 내게 온 술잔은 단숨에 비우고 바로 되돌려 주다 보니 어느새 두세 병이 거덜이 났다. 딸애가 안타까운 시선으로 이제 그만하시라는 신호를 보내곤 했지만 모른 체하고 계속 권했다.

이윽고 화장실 간다며 일어서던 녀석의 다리가 휘청했다. 딸애가 급히 부축해서 다녀온 녀석은 찬물로 세수를 했는지 표정은 제법 멀쩡했다. 그러나 이미 혀끝이 꼬부라지는 소리가 나기 시작했다. 녀석, 제가 좋아서 호랑이굴로 들어왔으니 각오는 했겠지.

"술이 취하는 모양이지?"

"아, 아닙니다."

"그래? 그럼 덜 취했을 때 돌아가야지. 취해서 실수라도 하게 되면 자넨 바로 낙제니까 말일세."

운전기사를 시켜서 녀석을 터미널까지 태워 보냈다. 그런데 시간이 한참 지났는데도 차가 돌아오지 않았다. 늦게 돌아온 기사에게 물어보니, 녀석이 차 안에서 마신 걸 모두 토하는 바람에 세차를 하느라 늦었다는 것이었다.

녀석, 취하지 않은 체하느라 애 좀 먹었겠군. 호감이 가는 녀석이었다.

늦은 밤, 딸애와 찻잔을 앞에 놓고 마주 앉았다.

"그 녀석 혼내주니까 아빠가 밉지?"

"아빤 너무 짓궂어."

"그 녀석 어디가 맘에 들지?"

"너무 착해요. 능력 있고 성실하기로도 회사에서 인정받고 있고요."

"그래, 그만하면 되었다. 녀석에게 본고사도 합격이라고 전해라. 단, 그 녀석이 보낸 이메일 답변은 내가 출력해서 영구보존 문서로 보관한다고 해라. 나에게 한 첫 약속이니만큼 내가 항상 지켜보고 있을 거라고 말이야. 이것이 내가 너를 보호해주는 하나의 방법이기도 하니까."

"아빠, 고마워요."

딸애의 눈에 물기가 어렸다.

"그래, 넌 잘할 거야. 잘 살아야지."

그렇게 말하는 나도 어느새 목이 메어왔다.

난 결코 욕은 하지 않았다

 육군 대령 시절, 어느 광역시를 담당하는 여단旅團의 지휘관으로 부임했을 때의 일이다. 여단은 책임지역 방어는 물론, 예하의 현역 부대와 예비군 부대를 관리하고 훈련하는 것이 주 임무였다.

 업무 인수 시에 전임자의 말에 의하면, 예비군 부대 중에서도 예비역 대령이 지휘하는 공단工團이나 대학 등 직장 예비군 연대장들을 통제하는 것이 무척 힘들었다고 했다. 그들은 비록 예비역이지만 자신들보다 후배인 현역 대령의 지휘를 받는다는 것이 마음 편치는 않았으리라. 알고 보니, 그들 중에는 임관 연도가 나보다 칠팔 년 가까이 앞선 선배도 있었다.

 부임 시기가 연말경이어서, 다음 해의 부대훈련 지침을 하달하고 그에 따라 수립된 예하부대의 훈련계획을 보고받고 검토하는 것이 우선적으로 해야 할 업무였다.

 먼저 현역 부대장들을 소집하여 각 부대의 계획을 차례로 브리핑받고, 수정할 부분과 여단장의 추가 지침을 하달하는 것은 별 무리 없이 진행되었다.

다음으로 예비군 연대장들의 소집을 앞두고서, 작전참모는 새로 부임한 내가 다소 유약하게 보여 걱정이 되었던 것 같다. 그래서인지, 예비군 연대장들이 그동안 통제에 잘 응하지 않아 일하기가 무척 힘들었다는 점을 은근히 강조하는 것이었다.

과연, 각 예비군 연대에서 사전에 제출한 업무보고서를 검토해보니 내용이 매우 부실했고 누락된 부분도 많았다. 뿐만 아니라 보고서의 분량 면에서도 부대별로 보통 네댓 쪽, 심지어 달랑 두 쪽짜리를 제출한 부대도 있고 많은 부대가 대여섯 쪽 정도에 불과했다.

그러나 일 년간의 부대훈련 계획이라면, 브리핑의 고수가 아무리 간결하게 압축한다 하더라도 최소한 이십여 쪽 이상의 분량이어야 될 내용이었다. 이는 마지못해 형식적으로 지시에 응하는 자세가 분명했다.

며칠 후, 예비군 연대장들과의 첫 대면은 기 싸움으로 시작되었다. 그들은 새로 부임한 지휘관의 기를 처음부터 눌러 임기 동안 적당히 나태한 근무 태도를 보장받으려 할 것이고, 나는 시작부터 제대로 장악하지 못하면 노회한 그들에게 휘둘리게 될 것이 분명했다.

연대장들의 브리핑 준비가 되었다는 참모 보고를 받고 회의실에 들어서니, 연대장들이 의자에 비스듬히 허리를 기대고 앉아 있었다. 예의상 움찔 자세를 고쳐 앉는 시늉이라도 하는 사람은 두세 명에 불과했다. 그러나 나는 개의치 않고, 우선 차 한 잔 하자면서 여담으로 분위기를 누그러뜨렸다.

드디어 첫 번째 연대장의 브리핑이 시작되었다. 그런데 시작한 지 겨우 4분여 만에 끝났다. 그것도 무슨 내용을 브리핑했는지 그 자신도 제대로 모르는 듯했다. 그는 으레 그렇게 해왔다는 것처럼, 부실한 보고에 대해 민망한 기색도 없었다.

진행을 하던 작전참모가 어이없다는 표정으로 멍하니 서 있다가 나에게 눈짓을 보냈다. 이번 기회에 확실하게 혼을 내달라는 듯이. 회의실은 숨소리가 들릴 정도로 조용해졌.

이윽고 나의 안색을 탐색하는 시선들이 플래시 터지듯 내게로 집중되었다. 나는 부글거리는 마음을 누른 채 지그시 그를 쳐다보기만 했다. 이건 해도 너무했다. 그러나 나는 담담하게 말했다. 브리핑 준비하시느라 수고했습니다. 다음 연대장님 계속하세요, 라고.

실내 분위기가 잠시 흔들 했다. 분명 달갑지 않은 코멘트를 예상하고, 그 강도가 어느 정도일지 가늠하느라 분주했겠지만 나는 더 이상 아무런 반응을 보이지 않았다.

다음 연대장의 브리핑도 다름이 없었다. 나는 또다시 알았다는 듯 예, 수고하셨습니다, 라고 짧게 말했다. 그렇게 네댓 명의 브리핑이 끝나자 그때부터는 다음 연대장이 브리핑 중인데도 실내는 소곤대며 잡담하는 소리로 분위기가 어수선해졌다. 그들의 기세가 실내를 지배하고 있었다.

각 연대의 브리핑이 모두 끝나자 나는 당번병을 불러 연대장들께 시원한 차를 다시 한 잔씩 올리라고 했다. 차를 마시는 동안 분위기가 한결 소란해지면서 웃음소리도 간간이 터져 나왔다. 드디어 그들이 안도하기 시작한 모양이었다.

이윽고 실망스런 표정을 짓고 있던 작전참모가, 여단장님께서 마무리 말씀을 하시겠습니다, 라고 맥 빠진 소리로 말했다.

오늘 훈련계획 보고하느라 수고하셨습니다. 선배님들을 모시고 후배인 제가 브리핑을 받는다는 게, 저도 사실 송구스럽습니다. 그렇지만 제가 직책상 여러분들의 지휘관이니 그럴 수밖에 없는 처지이므로 이해하시길 바랍니다. 오늘 각 부대의 훈련계획 보고에 대한 제 소감을 한 말씀 드리겠습니다.

그러고는 남아 있던 차 한 모금을 천천히 마셨다. 목울대 소리가 꿀꺽, 실내를 울렸다. 드디어 모두가 조용해졌다.

차마 드릴 말씀은 아니지만 지금 제 솔직한 심정은…, 이 개새끼 같은 놈들! 이따위 보고가 어딨어. 한 놈씩 아구통을 확! 돌려버리고 싶은… 심정입니다. 그러나 감히 선배님들께 그런 욕된 짓을 할 수는 없지요. 제 성격상, 아무리 화가 나도 여태껏 누구에게도 절대 욕설은 해보지 않았으니까요.

예비군 연대장들의 얼굴이 벌겋게 달아올랐다. 어떤 사람들은 자신이 욕을 먹었는지, 아닌지 어리둥절한 표정들이었다.

여러분들은 현역 시절에 부하에게서 이런 모욕적인 대접을 받아본 적이 있나요? 있었다면, 그럴 때 어떻게 조치했습니까?

점점 그들의 고개가 수그러졌다.

제가 여러분의 후배이긴 하지만 직책상 엄연한 상관입니다. 저를 그렇게 대우해주지 않으면 저 역시 여러분을 선배로 예우할 수도 없고, 예하 부하로만 취급할 수밖에 없지 않습니까.

어느새 그들은 허리를 펴고 앉아 고개는 아예 숙이고 있었다.

오늘 훈련계획 보고는 모두 불합격입니다. 다시 준비하세요. 다음에는 오늘처럼 동시에 소집하지 않고, 한 부대씩 개별적으로 보고를 받도록 하겠습니다.

그것도, 제가 일일이 각 부대를 방문해서 훈련계획은 물론 훈련장 준비상태와 교보재, 교관 연구강의 그리고 제반 준비상태를 직접 확인하겠습니다. 부대별 순시 일정은 추후 하달할 테니 이번엔 제대로 준비하시길 바랍니다. 그럼 수고하세요.

그러고선 찬바람을 일으키며 회의실을 나왔다.

그 후로 작전참모실 전화기가 몸살이 났다고 했다. 새로 온 여단장의 성격은, 업무 스타일은 어떠냐. 훈련계획엔 무슨 내용을 포함해야 하나. 보고 양식은 어떻게? 작전참모가 예비군 연대장들로부터 그렇게 곱살스런 말투의 전화를 받아보긴 처음이라 했다.

이후 각 부대를 순시할 때, 예비군 연대장이 참모들을 대동하고 정문까지 나와 도열하면서 지프차가 도착하니 현역 못지않은 자세로 거수경례를 멋지게 했다.

여단장 임기가 끝나서 전출 명령이 내려오니 예비군 연대장들이 송별연을 준비했다며 연락이 왔다. 그즈음은 이미 개인적으로도 그들 대부분과 친숙해진 상태였다.

술이 한 잔씩 돌자, 선임 연대장이 내 손을 잡으며 멋쩍은 미소를 지었다. "여단장님, 정말 미안했어요. 그때 차라리 욕이라도 했으면 우리가 반발했거나 그렇게 무안해하진 않았을 텐데, 그동안 얼굴을 들 수가 없었어요."라고 했다. 나도 어쩔 수 없어 그럴 수밖에 없었다며 사과를 했고, 우리는 두 손을 마주 잡고 환하게 웃었다.

그래, 그때 난 선배들에게 결코 욕은 하지 않았지. 다만 내 심정을 토로했을 뿐.

잠시 스쳐 간 시한부 인생

느닷없이 '시한부 인생'이라는 선고가 내려진다면 내 심경은 어떤 변화를 보일까.

한순간에 얼굴이 백지장처럼 핼쑥해지면서 목숨을 연장시키기 위해 발버둥 치는 모습을 보일까. 아니면, 인생을 달관한 양 담담한 표정으로 평상심을 유지하고 있을까.

나는 자신의 생사 문제에 대해서는 어느 정도 담담한 심정으로 맞이할 수 있으리라 생각해왔다. 그러면서도 한편으로, 막상 나에게 인생의 종말이 다가왔을 때 내 심경이 어떤 변화를 보일까 하는 점이 늘 궁금했던 것도 사실이었다.

우리는 언젠가는 죽음을 맞이하게 되리라는 사실을 평상시에는 까마득히 잊고서, 그것은 자기와는 상관이 없는 일처럼 여기며 살아가고 있다. 그러다가 자신의 죽음이 현실화되는 순간부터는 다가오는 죽음에 대한 두려움과 억울한 심정에서 헤어나지 못하여 자제력을 잃고 절망에 빠지곤 한다. 죽음은 불시에 찾아올 수도 있으며 어쩌면 바로 내일이 될지도 모른다는 것을 자각한다면, 우리는 평소 죽음에 대해서도 진지하게 생각하고 이를 맞이할 마음의 준비를 해두어야 될 것 같다.

매년 정기적으로 실시하는 신검을 위해 국군 병원을 찾았다. 하얀 시트를 씌운 내시경실 침대 위에 무릎을 구부린 채 옆으로 누웠다. 재갈을 물리듯 나의 입에 '마우스피스'를 꽉 물린 내과 의사가 기다란 위내시경을 목구멍으로 천천히 밀어 넣기 시작했다. 이미 근육 이완 주사를 맞고, 식도 마취제를 마신 후라서 처음에는 다소 느낌이 둔하기는 하였다. 그렇지만 내시경이 식도를 따라서 점점 내려갈수록 목젖이 반사적으로 닫히면서 숨이 막히고, 위벽이 긁히는 불쾌감에 헛구역질이 일면서 얼굴이 벌겋게 달아오르는 듯했다.

위장을 부풀리기 위해 공기를 불어넣을 때마다 물속에서 기포가 방울방울 솟아오르듯 거품이 솟아나왔다. '마우스피스'를 꽉 깨물고서 참아보지만 크억크억 소리를 내면서 트림이 절로 터져 나왔다.

"조금만 참으세요. 트림을 참아야만 빨리 끝낼 수 있습니다."

종전까지만 해도 예쁘다고 생각했던 간호사의 목소리도 짜증스럽기만 했다. 그만 대충 봐줘도 좋으니 빨리 끝내주었으면 싶은데도, 의사는 모니터를 살피면서 내시경을 조정하느라 쉽게 그만둘 것 같지 않았다. 그러다가 한 지점에서 딱 멈춘 듯하더니, 몇십 초가 지나도 도대체 움직일 기미가 보이지 않았다.

갑자기 "김 선생님 모셔와!" 하는 말에 발걸음 사라지는 소리가 들리더니, 조금 후에 어수선한 분위기와 함께 의사 한 명이 추가로 합류한 모양이었다. 이윽고 두런거리는 소리….

"이상한데…, 일단 샘플 채취해서 조직 검사부터 해보지."

뭔가 있는 모양이다. 혹시 암? 드디어 내게도? 불길한 생각이 머리를 스쳤다. 잠시 멍한 사이에 내시경이 스르륵 목구멍에서 쉽게 빠져나왔다.

침대에 걸터앉자 모니터를 보고 있던 담당의사가 돌아앉으며 시치미를 뚝 떼고선, "이왕 오셨으니 CT 촬영까지 해보시죠."라고 했다. 그러면서도, 현 사태의 심각성에 어렴풋이라도 눈치를 채어줬으면 하는 표정이었다.

CT 촬영실에 누워서 안내 방송에 따라 호흡을 조절하며 촬영하다가 또다시 한동안 중단된 채, 두런거리는 소리만 흐릿하게 들려왔다. 누워 있는 실내엔 정적이 감돌았다.

정말 뭔가 심상치 않은 모양이다. 드디어 내게도 올 것이 오고 만 모양이다. 하긴, 평생 동안 그렇게도 겁 없이 핑계 있으면 술 마시고, 없어도 만들어 마시고, 담배 또한 줄기차게 피워댔으니 멀쩡하다는 게 오히려 이상하지. 이마에, 등줄기에 진땀이 솟았다.

모니터실에서 의사 두 명의 두런거리는 소리 사이로 "위장보다는 간 쪽이 더 심한데…, 간에서 위로 전이?"라는 흐릿한 음성이 쫑긋하게 세운 귓속으로 파고들었다.

뭐? 다른 곳으로 전이되었다면 벌써 말기 현상이 아닌가. 그런데도 난 도통 못 느꼈었는데, 그럼 이제 끝장이란 말인가. 온몸에서 힘이 빠져나갔다.

또다시 권유에 의하여 재확인차 MRI 촬영까지 마치고 나니, 들어올 땐 멀쩡했던 사람이 한순간에 기력이 쇠잔한 중환자가 되어버렸다. 간호부장의 안내를 받으며 발걸음이 허공에 뜬 것처럼 휘청거리면서 대기실로 돌아왔다.

"차 한 잔 드시면서 잠시 쉬고 계시면 담당의사가 와서 촬영 결과를 설명 드리겠습니다."

말을 남긴 후에, 간호부장도 차마 곁에 있기가 곤혹스럽다는 듯이 얼른 자리를 뜨고 말았다. 몇십 분이 지나도 감감무소식이었다. 아마 담당의사도 말기 암 선고를 직접 내리기가 민망한 모양이었다. 한참 후에야 간호부장만 혼자 들어오더니 내 시선을 피한 채, "아직 확실한 결론을 내릴 단계가 아니니 차후에 통보 드리겠답니다."라며, 개인적인 의견이라면서 보다 큰 종합병원에서 재검진을 받아보는 것이 좋겠다고 권유를 했다.

 망할 놈의 의사 녀석들, 시원스럽게 얘기라도 해주질 않고서 난처한 입장을 피하려고 도망질하다니. 이젠 의사 녀석들로부터 버림받은 측은한 인생이 되었나 보다. 가슴이, 머리가 텅 비어오는 것만 같았다.

 부대로 복귀하는 승용차 안에서 수행한 부대 군의관에게 그들이 진단한 결과를 솔직히 얘기하라 했더니, 위와 간 모두 말기 암이라 했다는 것이었다. 부관과 운전병, 군의관에게 함구령을 내렸다. 가족이나 부대원 누구에게도 일체 발설하지 말라는.

 하루, 또 하루가 흘렀다. 머리가 좀 멍하긴 해도, 가슴이 허전하긴 해도 암담한 절망감이나 여생에 대한 가슴 찡한 아픔은 없었다. 그런데도 혼자서 멍하니 앉아 있으면 어느 결에 눈가에 촉촉이 눈물이 스며 나왔다. 왜일까, 별로 슬프지도 않은데.

 북한산 자락에 위치한 사무실 창밖, 6월의 신록은 싱그럽고 시원스레 불어오는 산들바람에 나뭇잎이 하얗게 출렁거렸다. 그러나 전과는 달리, 아름다운 자연의 숨결에도 이제는 어떠한 느낌도 와 닿지 않았다. 모든 것이 그저 무심한 자연의 한 현상으로만 느껴질 뿐이었다.

재검진을 받아볼까. 아니, 말기 암 환자라면 구차하게 소란을 떨 필요는 없겠지. 아직 나타나는 증상은 없으니 이대로 서서히 죽어 가면 되겠지. 육체적 고통만 수반되지 않는다면 죽는다는 그 자체는 그렇게 두렵지 않을 것 같았다.

오십여 년의 내 인생, 별로 화려하지는 못했지만 살 만큼은 살았고, 앞으로 남은 삶 역시 별 신통하게 기대할 만한 것도 없는 처지라, 이제는 인생을 끝맺어도 여한은 없을 것 같았다. 주변을 정리하고, 아직 고통이 없을 때 여행이라도 하다가 어느 이름 모를 산골에서 혼자서 종말을 맞이했으면 좋겠다.

가족들에게는 어떻게 한다? 어차피 기정사실이라면 가급적 늦게 알려주는 것이 좋겠지. 고통은 분담할 필요가 없지. 하지만 가족들의 반응은 어떠할까. 평소 남편에 대한, 아빠에 대한 애정과 관심이 어느 정도였을까. 이제 와서 미련스럽게도 그들의 반응이 다소 궁금해졌다.

가족들에게 내 인생은 어떤 것이었을까. 그들의 가슴속에 나란 존재가 얼마만큼의 비중을 차지하고 있었을까. 그러나 이제 와서 그게 무슨 상관이 있으랴. 아내는 한동안 가슴 아파하다가 이내 체념하고서 허전한 모습으로 쓸쓸히 살아갈 터이고, 다 큰 아이들은 자신들의 삶도 바쁜 터라 순간의 슬픔도 바삐 잊고서 열심히들 살아갈 테지. 가족들에게 나의 삶이란, 가시고기의 수컷과도 같은 삶에 불과한 것일지도 모르겠다.

벌써 한 달 가까운 시간이 흘렀다. 병원에서는 아무런 통보도 없었다. 보다 큰 종합병원으로 가보란 것으로 이미 끝난, 잊고 싶은 존재가 되어버린 모양이었다.

이제는 꼼꼼하기만 하던 업무에 대한 열정도 시들하여 기계적으로 업무를 처리했다. 내가 없어도 이 자리에는 다시 누군가가 채워지고, 그들이 또한 변함없이 이끌어갈 터인데 구태여 내가 걱정할 필요는 없겠지.

또다시 멍한 상태에서 신변 정리를 하면서 시간을 보냈다. 가족들에게 남겨줄 재산은 별로 없었다. 기껏해야 나중에 가족들이 받게 될 연금은 얼마 정도이며, 일시금이 좋으냐 아니면 연금으로 하는 게 좋으냐, 연금 신청 절차는 누구와 상의해라, 등등의 시시콜콜한 의견서를 작성하거나 아내 몰래 사용해온 몇십 만 원이 든 비자금 통장과 도장을 봉투에 넣어서 봉하고, 사후에 부음을 통보할 가까운 사람들의 명단을 작성하면서 마치 남의 일 뒷바라지해주는 심정으로 시간을 보냈다.

재검진을 받아볼까? 어차피 가족들이 알게 된다면 나의 의지와는 상관없이 병원에 끌려가서 입원하게 될 테니, 나중에 가족들에게 원망이라도 덜 받도록 일단 재검진을 받아보는 게 좋겠지. 입원하는 날쯤 해서 가족에게 통보라도 해야지.

도심지에 있는 S 대학 병원 입원실은 후텁지근하고 답답하기만 했다. 창밖으로 보이는 초여름 하늘은 매연에 찌든 암담한 회색으로 물들어 있고, 시가지 건물의 지붕마저도 우중충하여 내 기분까지 우울하기만 했다.

그러나 후줄근한 환자복으로 병상에서 한가로이 뒹구는 나날이 그렇게도 편안할 수가 없었다. 업무에 대해서 골치 아픈 얘기를 하는 사람 없고, 혹시나 내 마음이 상할세라 언짢게 하는 사람도 이제는 없으며, 자식들이 대범한 체 억지로 짓는 미소지만 나긋나긋하게 웃음 띠며 대하는 그 얼굴들이 너무나 좋았다.

그동안 살아오면서 몹시도 힘이 들 때는 편히 쉬고 싶은 마음에 병실에 입원한 사람들이 부러워 보이기까지 했었는데, 이제야 쉴 수가 있다니. 어차피 조금만 더 기다리면 영원히 쉬게 될지도 모르는데….

병원 생활에 익숙해지면서 잠이 잘 왔다. 하루 중에서 잠자는 시간이 점점 많아졌다. 평소 같으면 자정이 되어서야 하루가 아쉬운 마음으로 억지로 잠자리에 들게 마련이었는데, 이제는 밤 열 시만 지나면 저절로 잠이 왔다. 세상만사를 마음에서 접어두게 되니 집착할 일이 없어서 그런 모양이었다.

병실에 입원한 후부터는 눈에 보이고 귀로 들리는 일상의 세상사들이 마치 그 옛날 무성 영화처럼 소리 없이 영상만 흘러가듯, 세상만사가 적막하게 느껴지고 모든 것이 남의 일 같게만 생각되었다. 희로애락에 대한 일체의 감정도 일지 않았다.

그렇지만, 때로는 조용히 눈을 감고 있으면 눈시울이 젖어온다. 내 의지와는 상관도 없이. 아마도 생에 대한 미련의 부스러기들이 내 의식의 밑바닥에 남아 있었는가 보다. 아직도 마음의 준비가 덜된 것 같다.

침착하게 현실을 받아들여야지. 추한 꼴은 보이지 말자. 아직 기력이 남아 있을 때 다시 한번 마음의 자세를 가다듬자. 지나간 삶은 허점투성이라 하더라도 다가올 죽음만은 마음 흔들림 없이 아름답게 맞이하고 싶다.

종합검사 결과가 나오는 날의 아침은 오히려 느긋하게 늦잠을 자고서 덤덤한 심정으로 맞았다. 그런데 이 무슨 어처구니없는 결과란 말인가. 건강에 문제는 있지만 생명을 유지하는 데에는 별 문제가 없다는 것이었다.

오래전부터 위장과 간 부위에 왔던 염증들이, 이 우둔한 인간이 느끼지 못하는 사이에 아물었다가 헐기를 반복하는 동안에 주변의 세포조직이 흉측한 모양으로 변했을 뿐, 주기적인 검진과 주의만 한다면 일상적인 활동에는 지장이 없다는 것이었다.

그동안 정신적 진공 상태에서 적나라한 심경의 변화들이 한낱 어처구니없는 해프닝에 불과하였다니. 초기 돌팔이 의사들의 오진에 대한 노여움보다도, 기껏 인턴이나 레지던트 과정을 마친 햇병아리들에게 군 장병들의 진료를 의존하는 국방 예산을 탓하기보다도, 그동안 의연한 척하며 자신을 통제하느라 안간힘을 써온 내 모습이 우습고, 다시 한번 인생살이에 속아버린 것 같은 허탈감에 씁쓰레하기만 했다.

 그런 한편으로, 재생에 대한 기쁨보다는 실망스런 기분 역시 드는 것은 웬일일까. 머잖아 정년퇴직으로 사회활동을 중단하고 어깨가 축 늘어진 모습으로 기울어 가는 황혼의 내 모습을 연상하면, 오히려 적절한 시기에 인생을 자연스레 마감할 수 있는 기회를 놓친 것 같은 아쉬움마저 일었다.

 그렇지만 우리의 인생은 어차피 시한부 인생일진대 주어진 삶을 낭비할 수는 없는 것. 한 해의 삶을 마무리하는 가을 숲이 단풍으로 더욱 화려하듯이 나의 일생을 아름답게 마무리하기 위하여 새로운 삶의 전환점으로 삼아야겠지.

 아직은 삶과 죽음을 대하는 마음 자세가 덜 다듬어졌는가 보다. 이제부터라도 자신의 죽음을 어떻게 맞이할 것인가에 대해서 차분히 생각해 봐야겠다. 죽음에 대한 마음 자세가 가다듬어진다면 영원할 것만 같은 나의 삶도 새로운 눈으로 볼 수 있으리.

나목

 간밤에 된서리가 하얗게 내렸다. 발목이 빠지도록 수북이 쌓인 낙엽 위로, 앙상한 나뭇가지에도 눈꽃이 피듯 하얗게 내렸다. 한 걸음, 두 걸음 옮길 때마다 서리꽃 낙엽이 아픈 소리를 낸다.

 인적이 없어 귀가 먹먹할 정도로 고요한 새벽 숲에서 귀를 세우고 가만히 들으면, 숲속 여기저기에서 "후드득, 툭! 투둑!" 하는 소리가 들린다. 다람쥐 발걸음 소린가, 마지막 낙엽 지는 소리? 눈발이 희끗희끗 날리듯, 숲속엔 마지막 잎사귀들이 이따금 팔랑대며 천천히 떨어진다.

 드디어 동녘 하늘이 붉게 타오르면서 맞은편 봉우리로부터 점점 내려오는 찬란한 아침 햇살에 비탈진 언덕에 빽빽이 들어선 나목들이 자신을 벌겋게 드러내고 있다. 앙상한 나뭇가지에 핀 서리꽃이 햇볕을 받아 은가루를 뿌리며 하얗게 반짝이다 살며시 녹는다.

그러나 나목은 아침이 되어도 깨어날 기미가 없다. 부끄러워 자신을 가리지도, 추위에 웅크리지도 않고 초연하게 하늘을 향해 서 있는 모습이 추하지가 않다. 한 해의 삶을 다하고 잠든 나목의 처연한 모습이 오히려 아름답다.

머잖아 북풍이 몰아치면 나목은 찬바람에 벗은 몸을 내맡긴 채 겨우내 그렇게 서서 추위에 떨며 울고 있겠지. 그래도 나목은 희망을 버리지 않는다.

내일의 삶을 위해 그들은 발아래에 낙엽을 쌓는다. 도토리, 아까시같이 평범하고 수수한 나무들은 자신의 낙엽을 아낌없이 주변에 골고루 나눠준다. 반면에 소나무, 은행나무처럼 고고하고 화려한 나무일수록 욕심 많은 사람처럼 자신의 발아래에만 융단같이 쌓아 놓는다.

나목은 찬바람에 시달려도 내일의 삶에 대한 희망으로 슬퍼하지는 않는다.

가을이 머물다 간 숲에 서면 내 마음도 나목을 닮아 처연해진다. 언제부터인가 내 인생에도 빛바랜 가을 햇살이 하얗게 비치고 있었건만, 왜 여태껏 깨닫지 못했을까.

지난 세월, 삶의 무게는 가벼운데 마음은 왜 이리도 무거운지. 시든 아쉬움 훌훌 털어버리고 나면 나도 홀가분한 마음으로 초연해질 수 있을까.

노년기에 접어든 이제, 삶의 짐 털어버리고
꿈으로 그칠지언정 언젠가 돌아가리.
아늑한 고향 산천, 무위자연으로.

5. 언젠가 돌아가리

마음의 여로

강촌의 가을에 잠기다

상살미 고갯길

한여름 밤의 산책

빗소리에 낚싯대 드리우고

고견사 행자승은 무슨 말을 하고 싶었을까

아득한 기억의 저편, 아련한 영상

밤비 따라 오는 사람

겨울, 산촌

귀향歸鄕

마음의 여로

　불현듯 어디론가 떠나고 싶을 때면 시외버스 터미널로 나가서 마음을 삭인다.

　버스를 기다리듯 자판기에서 커피 한 잔을 뽑아 대합실 의자에 몸을 맡긴다. 대합실에서 서성이는 사람들은 한결같이 무표정한 얼굴들이다. 낯선 곳, 오랜만에 방문할 곳에 대한 설렘이나 기대에 부푼 표정은 없다. 모두가 차 시간을 기다리기에 지루한 모습들이다.

　버스 승강장으로 나가본다. 대천, 부안, 목포행 버스들이 나란히 머리를 디밀고서 한쪽 아가미를 벌린 채 눈을 내리뜨고 있다. 나더러 들어오라며 은근히 유혹하는 것 같다. 나는 가고 싶은 곳이 많아 가슴이 뛴다.

　요즘은 길 떠나는 이를 위해 터미널까지 나와서 배웅하는 모습은 없다. 승객들도, 고속버스는 오로지 '공간 이동' 수단쯤으로만 생각하는 것 같다. 나 혼자 설레는 가슴으로 승강장에서

서성인다.

  일상생활에 얽매여 살다 보면 마음 따라 자유로이 여행을 할 수는 없다. 그러다가 조바심 이는 마음을 가누기 힘들 때면, 이처럼 시외버스 터미널에 나와 앉아서 옛길을 더듬으며 나를 달래곤 한다.

  하늘이 맑은 어느 초가을, 통영에서 뱃길로 한 시간 남짓한 연화도에 갔었다. 섬 모양이 한 송이 연꽃처럼 생겼다 하여 연화도라 이름 지은 작은 섬. 선착장에 도착하여 차량 한 대가 겨우 통행할 수 있는 가파른 산길을 오르내리며 찾아간 곳이, 섬의 동쪽 끝에 위치한 '동머리' 마을이었다.

  고갯길에서 내려다보이는 마을은, 해변을 따라서 십여 호도 안 되는 집들이 띄엄띄엄 늘어서 있는 어촌이었다. 야트막한 언덕에 기대어 망망대해를 등지고서, 잔잔한 내해內海를 향해 돌아앉은 마을은 하얗게 쏟아지는 초가을 햇볕 아래 가물가물 오수에 잠겨 있었다.

  마을 어귀에 들어서니, 늦더위에 지친 코스모스가 손님맞이도 귀찮은 듯 고개를 숙인 채 축 늘어져 있었다. 돌담 그늘에 엎드려서 졸고 있던 강아지조차도 게슴츠레한 눈으로 흘깃 쳐다보고는 앞발 위에 턱을 괴고 눈을 감아버렸다. 오가는 사람 하나 없는 마을은 텅 비어 있는 느낌이었다.

바람 한 점 없는 선창에는 작은 어선 두 척이 깊은 잠에 빠져 있고, 손질을 기다리며 널려 있는 낡은 그물 위로 나른한 햇살이 사물거리고 있었다. 선창을 가만가만 두드리는 잔물결만 찰랑거릴 뿐, 마을에는 살아 움직이는 거라곤 아무것도 없었다. 갑자기 모든 생명체가 증발해버린 듯, 일체의 움직임이 정지된 유령 마을에 나 혼자 정신이 홀려서 들어온 것 같았다.

숨을 죽이고 가만히 살펴보니 움직이는 것이 있긴 했다. 바닥의 까만 조약돌이 훤히 내려다보이는 투명한 물속에는 은빛 망사가 반짝반짝 빛을 내면서 일렁거리고 있었다. 물결에 흔들리는 햇살 무늬였다. 그 사이로 수많은 종류의 치어들이 떼를 지어 한가롭게 몰려다니고 있었다.

마을을 한동안 헤집어서 찾아낸 민박집은, 마침 가두리 양식장을 경영하는 노부부와 총각 아들이 살고 있는 아담한 양철집이었다.

작은 어촌에는 주인아줌마가 열고 싶을 때만 빠끔히 열었다가, 이내 찾아올 손님이 없어 닫아버리는 허술한 가게가 하나 있을 뿐, 둘러볼 데도 관심을 둘 만한 것이라곤 아무것도 없었다. 시선이 갈 데라곤 하늘빛을 닮은 잔잔한 바다와 점점이 떠 있는 섬뿐이었다. 그마저도 지루해지면 마을 뒤편의 능선에 올라 거칠게 출렁이는 외해의 희미한 수평선을 바라보는 것이 고작이었다.

내내 하늘은 맑고 햇살은 따사로웠다. 오늘은 뭘 해야 할까, 내일은 또 무엇을 해야 하나…, 그런 고민은 할 필요가 없었다. 그저, 하루 종일 나무그늘에 앉아서 바다만 바라보면 되었다. 머리는 한가하고 몸은 편안했다. 아무런 생각도 없이, 하는 것도 없이 그렇게 며칠을 보냈다.

그러던 중에 민박집 총각이 무료해 보이는 나그네가 딱했던지, 가두리 양식장에 가면 낚시가 잘 된다며 나를 안내했다. 총각이 운전하는 모터보트를 타고서 마을 앞, 가두리 양식장으로 갔다.

발밑으로 보이는 인더수도의 맑은 바다는 햇빛에 비치는 파란 속살이 사파이어처럼 고왔다. 그 밑으로는 켜켜이 가라앉은 어둠마저 보였다. 저 아래, 무거운 어둠 속에는 어떤 세계가 펼쳐져 있을까.

잔잔한 너울을 타고 가두리 널판이 일렁거렸다. 펼쳐놓은 낚싯대 끝 초릿대도 덩달아서 오르락내리락 리듬을 탔다. 수면에 끊임없이 밀려오는 너울을 따라 물속으로 잠겼다, 솟았다 하는 찌를 한동안 바라보고 있으려니 어지럼증이 일어났다. 깊이를 알 수 없는 파란 속살이 투명한 빛을 내면서 눈앞으로 다가오다 멀어져 가곤 했다. 아늑한 품으로 뛰어 들어오라, 유혹하는 듯했다. 시야가 흐릿해지면서 의식이 점점 몽롱해졌다. 한순간, 다리가 휘청하더니 상체가 기우뚱하며 물속으로 굴러떨어지는 것 같았다.

비명도 지를 틈 없이 머리가 물속에 잠기면서 귓속에선 도랑물 밀려오는 소리가 들린다. 엉겁결에 콧구멍으로 빨아들인 짜디짠 바닷물이 뒷골을 후벼 판다. 숨을 멈추고 가만히 있으리라. 절대로, 볼썽사납게 허우적대지는 않으리.

천천히, 아주 천천히 가라앉겠지. 수면 바깥, 하늘의 구름이 흔들린다. 하얀 기포가 보글보글 위로 솟는다. 이대로 소리 없이 생을 마감한다 해도 나쁘진 않을 것 같다.

햇빛이 미치는 경계를 지나면서 어두운 심연의 바닥으로 가라앉는다. 온 세상이 캄캄해진다. 아득한 적막…. 이렇게 흔적도 없이 사라지는구나 하는 생각이 드는 순간, 등골이 저리도록 외로움이 밀려온다.

한껏 멈춘 호흡이 한계점에 이르자 심장이 통증으로 인해 터질 것 같다. 입과 코가 저절로 벌어지면서 벌컥벌컥 바닷물을 들이킨다. 아! 시원한 바람 한 모금만…. 머리가 폭발할 것 같다. 세상은 캄캄한 어둠.

가위눌린 듯 숨이 막혀서 허우적대다가, 거친 숨을 몰아쉬면서 정신이 번쩍 들었다. 의식이 환각 상태에서 빠져나왔다. 가슴을 쓸어내리며 한동안 물끄러미 발밑을 내려다보고 있었다.

파란 속살이 섬뜩하게 느껴졌다.

갑자기 바다 밑으로부터 거뭇거뭇한 무리들이 날카로운 은빛 섬광을 번득이면서 쏜살같이 몰려나왔다. 수많은 점이 소리 없이, 빛살처럼 빠르게 떼를 지어 달려왔다. 이번에는 정말 나를 잡으려고 몰려오는 저승사자들 같았다.

낚싯대 끝이 두두두 하며 물속으로 처박혔다. 고등어 떼였다. 하얀 뱃살이 파드득 햇살을 튕기면서 고등어 몇 마리가 힘차게 물살을 가르며 요동을 쳤다.

고등어 떼는 우르르 몰려왔다가 삽시간에 사라졌다. 그러다가 잠시 지나면 또다시 몰려오곤 했다. 그럴 때마다 동료 몇 마리가 바늘에 꿰어서 하늘로 사라져버려도 눈치를 채지 못하는 모양이었다. 먹이만 보고서 질주하는 삶. 나도 그동안 저 고등어처럼 먹이만 보고 달려온 것은 아니었을까.

가두리 낚시는 초보자라도 거저먹기였다. 총각이 즉석에서 떠주는 고등어 회는 연한 살맛이 고소했다. 술 한 잔이 한 병으로 넘어가면서 거나해진 기분에 등을 널판에 대고 누워버렸다. 하늘 멀리 흰 구름이 시야에 가득하고, 가두리 널판에 부딪히는 물결 소리가 아득했다.

바다는 하늘을 닮는다. 하늘이 평온하면 바다는 파랗게 반짝이며, 하늘이 노하면 바다도 거칠게 심술을 부린다. 바다는 하늘과 하나다. 내가 바다 위에 누워 있는 건가, 하늘 품에 안겨 있는 건가. 바다 위에 떠서 구름을 덮고 누워 있으니 나도 바다와 하나 되고, 하늘과 하나가 된 것 같았다. 내 가슴속에도 너울성 파도가 밀려오고, 구름이 흘렀다.

깜박 졸음에 빠져드는데 해풍에 실려 오는 노랫소리가 들려왔다. 바람에 날리는 여인의 머리칼처럼 출렁이면서. '아바'의 노래를 좋아한다던 총각이 영화 음악 〈맘마미아〉를 튼 모양이었다. 저쪽 널판에서 갑오징어잡이 릴낚시를 던져 놓고서 하늘을 보며 앉아 있는 총각의 옆모습이 산그늘에 잠겨 있었다.

하루 종일, 외지인 한 명 볼 수 없는 섬마을에 살면서 무료함이 몸에 밴 총각의 표정은 드넓은 바다를 닮았다. 조용조용한 말소리에 흔들림 없는 선량한 눈빛은 항상 보일 듯, 말 듯 한 미소를 띠고 있었다. 아직 젊은 나이인데도 외지를 향한 동경을 접은 걸까. 언제나 그의 표정은 온화하고 담담했다.

한여름 양철 지붕을 뜨겁게 달아오르게 하던 폭염이나 폭풍우 몰아치던 날의 거친 파도도 한순간에 흘러가는 꿈에 불과할 뿐, 바람이 가고 나면 젊은 날의 열정도 흔적 없이 사라져 버릴 인생이란 걸 일찌감치 터득한 건가. 하늘과 바다만 바라보고 살면서도 총각의 심성은 자연에 동화되었나 보다. 그의 해탈한 모습에, 예순에 몇 해를 더 보탠 내 자신이 부끄러웠다.

양식장을 등지고서 가두리 널판에 걸터앉아 낚시를 하면서 또 며칠을 보냈다. 연화도에서 지낸 날들은 내 기억보다 더 아름다운, 한 폭의 아늑한 풍경화였다.

밤이면 랜턴 하나 밝혀 놓고서 물결에 흔들리며 앉아 있던, 수도승 같은 섬마을 총각이 그립다. "저 녀석 장가라도 보내야 할 텐데…."라던 총각 어머니 말이 아직도 귓가에 생생하다. 지금쯤, 참한 아가씨를 만나서 결혼을 했을까.

문득 부르릉거리는 소리에 정신을 차려보니, 변산행 버스가 출발 시간이 되었는지 바퀴가 스르르 구른다.

차창 쪽으로 혼자 앉은 긴 머리 아주머니와 눈길이 마주친다. 싱긋 웃어주며 손을 흔들어 본다. 마치 배웅 나온 애인처럼. 잠시 멈칫하던 그녀도 활짝 웃으며 마주 손을 흔든다. 하얀 치아가 곱다. 정인을 떠나보내듯 내 가슴 한편이 싸아 해진다.

길을 나서다

등단작품 심사평(2010년 에세이문학)

심층의 계단으로 내려선 작가
– 〈마음의 여로〉를 읽고

맹난자(수필가)

우리는 마음의 여로를 따라 어느 장소에 이르게 되고 인물들과 만난다. 인물과 배경과 시간, 즉 마음속에 발생·투영되는, 심상에 깃든 이미지를 어떻게 그려내느냐 하는 것이 수필의 관건이 될 것이다. 이런 점을 염두에 두고 〈마음의 여로〉를 읽었다. 작가는 시외버스터미널에서 통영 연화도의 어촌에 대한 기억을 떠올린다.

20행에 걸친 마을의 풍경묘사는 이상의 〈권태〉만큼이나 나른하고 집요하다. '일체의 움직임이 정지된 유령마을에 나 혼자 정신이 홀려서 들어온 것 같았다'고.

그는 민박집 총각을 따라 가두리 양식장으로 나갔다. 발밑으로 보이는 한려수도의 맑은 바다. 그 밑으로 켜켜이 가라앉은 어둠, 저 아래 무거운 어둠 속에는 어떤 세계가 펼쳐져 있을까? 의식은 심층 아래로 침잠된다. 그러더니 갑자기 다리가 휘청하고 상체가 기우뚱하며 물속으로 떨어지는 것 같았다. 머리가 물속에 잠기면서 콧구멍으로 빨아들인 짠 바닷물이 뒷골을 후벼 파는 것이다.

"천천히 가라앉겠지. 숨을 멈추고 가만히 있으리라. 이대로 소리 없이 생을 마감한다 해도 나쁘진 않을 것 같다. 햇빛이 비치는 경계를 지나면서 어두운 심연의 바닥으로 가라앉는다. (…) 이렇게 흔적도 없이 사라지는구나 하는 생각이 드는 순간 등골이 저리도록 외로움이 밀려온다."

15행에 걸친 익사 장면은 상상 속에서도 매우 구체적이었다. 그는 왜 심연의 바닥으로 내려가 죽음을 체험하는 것일까. 움직임이 정지된 유령마을은 가물가물 오수에 잠겨 있고 코스모스는 축 늘어져 있고, 강아지도 턱을 괴고 눈을 감았다. 작은 어선 두 척은 깊은 잠에 빠져 있고, 낡은 그물 위로 나른한 햇살이 사물거리고 있었다. 살아 움직이는 거라곤 아무것도 없는 마을의 텅 빈 심상 이미지가 그대로 의식의 흐름을 따라 확장된 것이 아닐까. 이러한 복선의 배열은 구성을 보다 탄력 있게 한다.

신대식의 〈마음의 여로〉는 이야기(사건)가 없어도 수필이 될 수 있는 경지를 확인해 준 수작이라고 할 만하다.

촌평

수필 〈마음의 여로〉는 손광성 선생님의 추천으로, 아가위 수필문우회에서 '작가 초대' 시간을 마련하여 신대식 선생님을 모시고 감상한 글입니다.

이 작품은 원고지가 무려 25매인데도 읽는 동안에는 그 정도일 줄은 몰랐죠? 저는 이런 글을 좋아합니다.

다 읽고 나서야 "아이구! 숨 쉬는 거 깜박했네." 하고는 한꺼번에 숨을 몰아쉬게 하는 글. 잔잔한 감동이 밀려오는 한 편의 아름다운 영화와도 같은 수필.

신 선생님을 보신 분들은 아마 그럴 겁니다. 어찌 저 무뚝뚝한 표정에 그리도 섬세한 감성과 문체가….

근데 신 선생님은 알고 보면 위트 짱이세요. 이 글에서도 평상시 모습이 슬쩍 비쳤던, 생면부지 여인에게 손 흔드는 장면. 저라도 그럴 경우 엉겁결에 손을 마주 흔들고 말았을 것 같은, 그런 거죠.

— 이혜숙(수필가)

그저 한적한 섬 풍경 한 폭을 그려주시는 데 그치지 않는, 다양한 메시지가 있어요.

출렁이는 깊은 바다를 들여다보다 의식의 한 자락이 그만 그 안으로 빨려 들어가 버린 듯, 간접체험으로도 생생히 살아나는 묘사나 섬 총각의 모습에서 읽어내는 자연과 인생의 의미들. 작가 자신의 시선 같은 부분들이 은근한 흡인력으로 다가옵니다.

어쩐지 그 섬에 저도 가고 싶어지네요.

— 이복희(수필가)

길 떠나길 좋아하시는 신 선생님 따라 제 마음도 연화도에 다녀왔습니다.

정말 영화 속 풍경인 듯도 싶고, 은빛 그물 푸른 바다만이 아니라 심연의 어둠까지도 느끼게 해주시네요. 가두리 널판에 앉아 낚시 드리운 선생님과 수도승 같은 그 총각.
아름다운 풍경화에 마음 적시고 갑니다.

― 김미옥(수필가)

선생님 작품을 읽으면서 질투가 납니다. 무슨 군인이 이리 글을 잘 쓰나~ 하고.
작품들 좋은 거 알고는 있었지만, 명작입니다.

― 한복용(수필가)

강촌의 가을에 잠기다

한적한 시골 강변에 작은 집을 지었다.

햇볕 잘 드는 갈대숲 우거진 강변에 터를 잡아, 오랜 세월 떠돌던 마음을 강물에 흘려보내면서 내 안의 바람을 잠재우고자 작은 집 하나 지었다.

사방이 나지막한 산으로 둘러싸인 아늑한 분지에서 굽이쳐 흐르는 강물과 넓은 하늘을 품은 동화童話 같은 집을, 나의 스승께서 그래도 그 기개만은 버리지 말라며 '오연재傲然齋'라 이름을 짓고 현판까지 달아주셨다.

이곳에서 나의 삶은 단조로운 날들의 연속이다. 가끔 강낚시를 하거나 겨울 땔감을 미리 줍기도 하고, 기분이 내키면 자전거를 타고서 강변길을 달리다 걷다 하며 하루를 소일한다.

그러나 대부분의 날들은 아무것도 하지 않고 빈둥거리면서 지낸다. 나무 난간에 걸터앉거나 계단에 쪼그려 앉아서 흐르는 강물과 먼 하늘 구름을 멀거니 쳐다보며 지내는 날들이 많다.

인적이 드문 강촌은 어쩌다 경운기를 몰고 가는 농부 외에는 오가는 사람이 없어 시간조차 유배된 이곳. 늙수그레한 사내 하나가 넋을 잃고 멍하니 앉아 있어도, 강변을 따라 어슬렁거려도 그 누구 하나, 나를 의식하는 이 없다. 지나던 들고양이조차 힐끗 쳐다보고는 더 이상 거들떠보지도 않는다. 나 역시 있어도 없는 듯, 무심한 자연의 일부가 되어버린다.

이런 나를 두고 누군가 말했다. 외롭지 않으냐고, 답답하지 않으냐고. 그러면, 나는 말없이 빙긋이 웃기만 한다.

산그늘

늦가을 붉은 산에 스산한 바람이 분다. 강변 갈대꽃이 춤을 춘다. 강물도 서늘한지 물비늘을 반짝이며 촐랑거린다.

갑자기 맞은편 골짜기에서 회오리바람이 거칠게 일어난다. 나뭇가지들이 몸서리치듯 파르르 떨면서 나뭇잎을 털어버린다. 붉은 기운이 소용돌이치며 솟아오르다 낙엽이 되어 사방으로 흩날린다.

그냥 두어도 머잖아 떨어질 운명인데 구태여 재촉할 건 뭔지. 하지만, 마지막 가는 길이 순탄치 않음도 자연의 한 현상이리라. 어차피 갈 바엔 미련 없이 일시에 흩날리며 가는 것 또한 좋으리라.

이미 짧아진 가을 해가 강 건너 산마루에 걸려 있다. 온기를 잃은 핼쑥한 햇볕은 쓸쓸하기만 하다. 이럴 때면 온 세상이 적막해지면서 산그늘도 일찌감치 내려온다. 강으로 향한 작은 골짜기마다 어둠의 그늘이 흘러내린다.

어느새 산그늘이 강을 건너오고 있다. 강변 모래톱이 잿빛으로 덮인다. 갈대숲이 웅성거리더니 작은 새들이 그늘을 피하여 가볍게 날아오른다. 이윽고 으스스한 산그늘이 나를 덮어버린다. 강을 건너온 산그늘은 차갑기만 하다.

소리 없이 밀려드는 산그늘이 점점 짙어지더니 금세 어둠을 끌고 온다. 몰려오는 어두움 속에서 스멀스멀 새어 나오는 적막감. 그리고 외로움.

잠시 후, 강 건너 가로등에 불이 켜진다. 노란 불빛이 물결 위로 한들거리며 나를 향해 건너온다. 말벗이 되어주겠노라며. 그러나 강을 건너온 불빛은 나의 무덤덤한 반응에 멈칫거린다. 한 걸음씩 움직일 때마다 나를 따라오며 지켜보기만 한다. 어둠에 잠긴 사내 하나, 소리 없이 허물어져 내릴까 봐 걱정스러운가 보다.

강변에 솟은 무심한 바위도 해거름이면 쓸쓸해 보이는데, 군중 속에 있어도 사랑하는 사람 곁에 있다 한들 내 영혼에 스며 있는 이 태생적인 외로움을 떨쳐버릴 수 있겠는가.

외로워질 때면 가로등 불빛에 길게 늘어진 내 그림자도 쓸쓸해 보인다. 그러나 이 호젓한 외로움도 익숙해지면, 홀로 있는 시간이 오히려 마음이 평안해지면서 가슴 밑바닥에서 잔잔한 희열이 솟는다. 그래서 나는 종종 외로움을 찾아 나선다.

별

 강물이 서서히 식어가는 가을밤이면 하늘에는 현란한 별들의 축제가 열린다. 한여름 숨어 있던 별들도 모두 쏟아져 나와서 밤하늘엔 우주의 끝이 보일 것처럼 하얗게 은하계가 펼쳐진다. 옅은 안개처럼 뿌옇게 서린 별무리 속에서도 손에 잡힐 듯 가까운 별들은 금방 잠에서 깨어난 소녀의 눈망울처럼 맑고 또렷해진다.

 이럴 즈음이면 지상의 모든 것은 별빛에 취해서 넋을 잃고 숨을 죽인다. 강물은 더욱 은근하게 속삭이며, 밤 새 우는 소리도 아득하게 들린다. 낮 동안 돌 틈에 숨어 있던 물고기들도 어느 결에 가장자리로 나와서 등지느러미를 드러내고 조용히 헤엄을 친다.

 강변 자갈밭에 누워서 수많은 별들이 뿜어내는 희뿌연 서기瑞氣로 가득 찬 아득한 밤하늘을 올려다보고 있으면 내 영혼이 무한한 우주공간으로 서서히 빨려 들어간다.

 무중력상태에서 빛도 어둠도 없는 허공으로 아찔한 현기증을 일으키면서 한없이 빨려 들어간다. 드디어 내 영혼은 막막한 우주공간을 떠도는 작은 별이 되어버린다. 무거운 정적 속에 머나먼 우주에서 행성이 흐르는 소리, 마치 귀울음처럼 뇌 깊숙이 울린다. 지상의 온갖 생명체와의 교감이 완벽하게 차단된 상태에서 절대 고독이 찾아든다. 이제껏 외로움 타령은 한낱 어리광에 불과하였던 것인가.

그러다 별똥별 떨어지듯 한순간 환상에서 깨어나 보면, 어둠이 가라앉은 강물에도 별들이 떨어져 반짝이고 있다. 여울에서는 별들이 은어 떼처럼 뛰어오르고, 물살이 잠시 쉬는 소에는 한 움큼의 별들이 모여서 도란거리고 있다.

도란거리는 별무리 속엔 낚싯대로 띄운 빨강, 초록색 야광찌들이 별처럼 숨어서 물고기를 유혹하고 있다. 그러다 밤낚시에 마자, 모래무지를 걸어 올리면 별을 하나씩 물고 바들바들 떨면서 딸려 나온다. 때로는 밉살스럽게 생긴 꺽지, 메기들조차 별을 하나씩 물고 올라온다. 가을 밤낚시는 별을 낚는 낚시다.

별을 낚아 올린 밤, 술 한 잔에 잠자리 들면 나도 아기별이 되어 아득히 먼 나라로 여행을 떠난다.

박새

마른 갈대숲은 바람이 불지 않아도 이따금 수런거린다. 가만히 보면, 박새 같은 작은 새들이 그 속에 숨어들어 놀고 있다.

박새는 장난기가 많다. 잠시도 가만있지 못하고 날아다니며,

갈대 줄기에 앉아서도 자리 뺏기 놀이를 하느라 쉬지 않고 파닥거린다. 그러다가 한 마리가 날아가면 여러 마리가 함께 갈대숲을 헤집으며 뒤를 쫓는다. 때로는 수십 마리가 우르르 몰려다닌다. 몰려다니며 마냥 즐거워하는 박새 무리를 보고 있으면 아이들이 뛰놀면서 까르르 웃는 소리가 들리는 것 같다.

그러다 솔개 한 마리가 상공을 선회하기 시작하면 장난치다 들킨 아이처럼 갈대숲으로 파고들어 조용히 숨을 죽인다. 박새 떼를 보고 있으면 그 귀여운 모습에 기분이 상쾌해진다.

기온이 갑자기 내려간 어느 날 아침, 거실 창밖에 박새 한 마리가 배를 뒤집은 채 눈을 감고 누워 있었다. 죽었나 살펴보니, 한쪽 다리를 미세하게 떨고 있었다. 손바닥 위에 올려놓고서 입김으로 호오호오 불었더니 눈동자가 힘없이 열리면서 나를 보고서도 가만히 있었다. 작고 검은 눈동자에 깊은 우수가 어려 있었다. 그 작은 눈동자에 서려 있는 촉촉한 물기, 살아 있는 것들은 이처럼 어딘가에 자기만의 아픔을 숨겨두고 있는 것인가.

작은 몸집을 수건으로 감싸서 따뜻한 방바닥에 뉘어 놓고 물과 모이가 될 만한 것을 찾아 곁에 두었다. 한참 후에 가서 보니 기력을 회복했는지 방 안을 두리번거리며 걸어 다니고 있었다. 창문을 열고 창턱에 올려놓았더니 두어 번 날개를 퍼덕거리다가 인사도 없이 날아가버렸다.

며칠이 지난 아침, 창밖을 내다보니 된서리가 하얗게 내렸다. 갈대숲에도, 나뭇가지에도 서리꽃이 하얗게 피었다. 온 세상이 은빛으로 빛나고 있었다.

거실 창 밑에는 박새 한 마리가 작은 몸을 움츠린 채 죽어 있었다. 하얀 서리꽃이 수의壽衣처럼 그 위로 내려앉아 있었다. 홀쭉하게 메마른 몸체가 자신의 깃털보다 가벼워 보였다. 경쾌한 장난기도, 깊은 우수도 털어버리고 깃털처럼 가벼운 허무만 남아 있었다.

박새는 어찌하여 무리에서 이탈하여 여기로 왔을까. 새들도 죽음을 예감하면 홀로 잠들 자리를 찾아가는가. 아니면, 마지막 가는 순간에 영혼을 이끌어줄 한 줄기 빛이 그리웠을까.

밤새도록 희미한 불빛이 비치는 창밖에서 따뜻한 손길을 그리워하며 한 생명이 스러져 가는 동안, 나는 잠만 자고 있었다.

자연의 숨결

나는 이따금 머리를 비우는 데 익숙해 있다. 아무런 상념 없이 하루 종일이라도 앉아 있곤 한다. 그럴 때면 머릿속이 하얗게 비면서 내 자신마저도 잊어버리고 만다.

부질없는 잡념은 머리를 무겁게 한다. 적적하고 단조로운 일상에서도 자의식自意識 없이 자연을 들여다보고 있으면 자연이 숨 쉬고 생동하는 기운을 가슴으로 느끼게 된다.

계절 따라 산과 강, 갈대숲에서 지저귀는 새들의 노랫소리, 물길을 거슬러 오르던 물고기가 수면 위로 솟구쳤다 떨어지는 청량한 소리, 먼 데서 오는 소리처럼 들릴 듯 말 듯 종알거리며 흐르는 강물의 속삭임, 이따금 갈대를 휩쓸고 가는 스산한 바람소리들.

일체의 인위적인 소리가 배제된 태초의 정적만 흐르는 강촌에서 간간이 들려오는 자연의 소리에 귀를 기울이고 있으면 영혼이 맑아진다.

강물은 같은 줄기라도 물길에 따라서 표정이 달라진다. 산 그림자가 잠긴 잔잔한 강물은 푸근한 여인의 품 같기도 하고, 여울물은 하얀 이를 반짝이며 뛰어가는 아이 같기도 하며, 굽이쳐 흘러가는 강물은 나를 두고 점점 멀어져 가는 쓸쓸한 여인의 뒷모습 같기도 하다.

쉼 없이 흐르는 강물을 바라보고 있으면 가슴속의 응어리도, 허전한 바람기도 서서히 씻겨 내려 마음이 정화되는 것 같다.

어디선가 물오리 떼가 날아든다. 강물 위로 나지막이 날아오다가 활주로에 착륙하듯 두 다리를 뻗어 물살을 일으키면서 내려앉는다. 이내 무리를 지어 유유히 헤엄치면서 먹이를 찾아 부지런히 자맥질한다. 삽시간에 조용하던 강물이 부산해진다.

언제부턴가 얕은 물 위로 솟은 바위에 백로 한 마리가 길게 목을 빼고서 정물화처럼 서 있다. 백로도 고독을 즐기는 것일까. 짝이 있어도 어깨를 기대는 법 없이 멀찌감치 떨어져서 혼자 사색하기를 좋아한다.

백로는 먼 산을 바라보는지, 강물에 비친 구름을 보고 있는지 망부석처럼 굳어 있다. 그러던 녀석이 한순간에 긴 부리로 물고기를 낚아챈다. 번개 같은 찰나의 움직임에 주변의 고요가 흐트러지지도 않는다.

물고기 한 마리가 허리를 물린 채 파닥거린다. 반짝이는 하얀 비늘이 먼 데서도 눈부시다. 백로는 긴 목을 쳐들고 몇 번 뒤채더니 통째로 삼켜버린다. 죽음의 터널로 빨려 들어가는 녀석은 조금 전에 물 위로 솟구쳤다 떨어지며 청량한 소리를 내던 그 녀석은 아닌지.

삶과 죽음이 애틋하지도, 장엄하지도 않다. 너무나 자연스럽다. 한 생명의 소멸은 또 다른 생명의 연장일 뿐이다.

백로는 먹이를 찾아 부지런히 자맥질하는 물오리처럼 식탐하지도 않고, 하루 몇 번의 사냥으로 만족한다. 아무런 번뇌도 없다는 듯 다시금 먼 산을 바라보고 있는 백로는 마냥 참선의 자세다.

박새의 죽음에서 일던 나의 애틋한 마음이, 몸부림치며 죽어가는 물고기는 호기심 어린 눈으로 보고 있었다. 생명에도 어떤 차이가 있는가. 그건 무엇에든 간섭하기 좋아하는 인간의 생각일 뿐, 자연은 모든 생명체의 생성, 소멸에는 한결같이 말이 없다. 무심한 백로의 참선 자세가 자연이다.

자연은 고요한 가운데서도 역동적이다. 끊임없이 생성, 변화, 소멸한다. 하나의 현상에 머물기를 집착하지 않는다. 산과 강, 온갖 생명체들이 자연스레 이를 받아들인다.

우리도 지난날의 삶을 아쉬워하거나 다가올 앞날을 두려워하지 않고 바람결에 구름 흐르듯 자유로운 마음으로 살아갈 수는 없을까. 아무런 번뇌도 없다는 듯 강물에 잠긴 구름만 물끄러미 바라보고 있는 한 마리 백로처럼 단아하게 늙어가고 싶다.

독후감

사유가 깊고, 너무너무 감동적이다.
우리 '에세이문학'에 이 같은 작가가 있으니 이젠 홀가분하게 떠나도 되겠다.

– 한계주(수필가)

안녕하세요? 신 선생님.

지면으로 선생님의 글을 읽고 편지를 쓰고 있는 저는 미국 애틀란타에 살고 있는 고정희입니다.

여기는 문우들이 많지 않지만 한 달에 두 번, 몇 명이 모여서 직접 쓴 글이나 좋은 글을 들고 와서 나누는 모임을 가지고 있습니다. 서로에게 혹독한 독자가 되기도 하고 용기를 주기도 하는 작은 노력을 하고 있답니다.

오늘은 제가 선생님의 글을 들고 갔습니다.

이번 겨울호에 실린 글을 보고 너무 좋아서 함께 나누고 싶었지요. 선생님 덕분에 오랜만에 모두 가을에 잠기고, 산그늘의 어둠 속에서 태생적인 외로움에도 취해보고 별, 박새 등을 생각하며 두고 온 고향의 가을 속으로 여행도 다녀왔답니다.

마치고는, 모두 선생님의 글을 더 접할 수 없음을 아쉬워하기에 제게 감히 선생님의 수필집을 한 번 볼 수 있는 기회를 주실 수 없으신지요? 좀 먼 거리라 말씀드리기 죄송하지만 글을 잘 접할 수 없는 이곳 문우들의 갈증을 선생님의 글로 풀어내고 싶습니다.

— 고정희(재미교포 수필가)

노을이 지면 하늘이 닫힌다

빗장 걸리기 전에 서둘러 가야지

밤이 되어도 철새는 외롭지 않겠다

추우면 몸 비비고

선잠 깨면 함께 구구구~ 해 줄

동무들이 있어서 좋겠다

상살미 고갯길

내 고향 마을에서 읍내로 이르는 길에는 '상살미' 고개가 있다.

상살미 고개에 올라서면 푸른 평야가 눈 아래로 질펀하게 펼쳐지면서 들판의 북녘 언덕으로부터 뻗어 나온 시가지가 한눈에 내려다보인다.

읍내를 향해 시원스레 뻗은 신작로 좌측 능선에는 농림고등학교의 채마밭과 밤나무 단지, 그 사이사이로 하늘을 가릴 듯 무성한 아까시나무 숲이 싱그러운 오월의 향기를 풍긴다.

신작로 우측의 드넓은 한들은 계절 따라 새 옷을 갈아입으며 시골길을 풍요롭게 단장해준다. 들판 가운데로는 초등학교 시절에 통학하던 꼬불꼬불한 논두렁길이 풀숲의 뱀 허리처럼 보일 듯, 말 듯 깔려 있다. 그 시절 글짓기대회에서, 어느 문학지에 실린 동시를 모방하여 한들 '논두렁길'을 소재로 쓴 글이 아직도 들판 어디엔가 숨어 있을 것 같다.

상살미 황톳길은 우리 마을과 언덕 너머 마을, 또 언덕을 하나 더 넘은 마을 사람들이 읍내로 왕래하는 소통의 길, 계절 따라 새로운 느낌으로 다가오는 정다운 길이다.

오월의 신록이면 아까시 꽃향기에 꽁보리밥 도시락으로 점심을 때운 하굣길 뱃속에 허기가 더욱 짙어지던 길이다.

여름이면 풀꽃 냄새와 꿀벌들의 잉잉거리는 소리, 시원스레 울어대는 매미 소리로 가득 찬 생명이 살아 있는 길. 별빛이 영롱한 밤에는 시원한 가로수 아래로 별똥별 흐르듯 형광 빛을 발하며 반딧불이가 날고, 논두렁 개구리 울음소리에 귀가 따가운 꿈속의 길이다.

그러나, 불볕더위에 바싹 마른 황톳길 위로 어쩌다 고물 트럭이 덜컹거리며 지나갈 때면 숨이 막히도록 뽀얀 흙먼지가 날리는 삭막한 길. 비가 내릴 때면 질척대는 황토 흙이 신발 바닥에 달라붙어, 어쩔 수 없이 흙으로 된 나막신을 신어야만 하는 천덕꾸러기 길이기도 하다.

장날이면 담뱃대를 입에 문 할아버지와 할머니를 태운 소달구지가 덜컹거리며 지나가고, 장터 구경 가는 마을 사람들이 끼리끼리 어울려서 오순도순 정을 나누며 오가는 정다운 길. 강아지 한 마리가 주인 따라 장터 구경하러 나서다 쫓기면 멈칫, 다시 꼬리를 흔들며 졸래졸래 따라가다가 마침내 돌팔매 한 대 얻어맞고서야 아쉬운 듯, 꼬리를 늘어트린 채 힐끔거리며 되돌아가는 서운한 길이기도 하다.

　상살미 고갯길은 명절이면 고향을 찾아오는 사람들이 고향 냄새를 느끼기 시작하는 정다운 고향의 길목, 마을 사람들의 전설이 어린 아늑한 길이다.

　그 옛날 만들어진 황톳길은 가로수만 무성할 뿐 변함없는데, 세월 따라 옛사람은 흘러가고 새로운 사람들이 흘러온다.

　길 위에는 인간사와는 아랑곳없이 사계절 또한 무심히 흐른다. 계절 따라 구름도 변하고, 숲과 들판의 색깔도 파노라마처럼 흘러간다. 자연은 길 위의 사람들에겐 무관심하고 태평스럽기만 하다.

　나들이 나온 개구리 한 마리가 황톳길 위에서 폴짝거리며 한가롭게 뛰놀다가 흙먼지를 일으키며 달려오는 트럭에 놀라 황급히 논도랑으로 뛰어들고선, 숨 가쁜 소리로 요란하게 울어댄다.

　"개골 개골 개골."

한여름 밤의 산책

산책길, 소란스런 정적

별들이 하나둘, 얼굴을 내밀기 시작할 즈음이면 강변 둑길을 따라 산책을 한다. 한낮의 후덥지근한 공기는 선선한 강바람에 밀려가버리고 살갗에 와 닿는 공기가 상쾌하다.

짙푸르던 산 능선과 골짜기는 이미 수묵으로 처리되어 있다. 달이 밝은 밤에는 어두운 골짜기 사이로 흐르는 강물에 달빛이 내려와 반짝이며 뛰노는 것이 보인다.

집 앞길에는 가로등이 없다. 그래서 밤이면 늘 어둑하기만 하다. 마을에서 떨어진 외딴집이라 가로등을 달아 줄 법하지만 채근하진 않는다. 오히려 밤하늘의 별을 더 잘 볼 수 있어서 좋다.

달이 없는 밤하늘은 바람 한 점 없는 날의 심해深海처럼 그 깊이를 모르게 어둡고도 투명하다. 그러나 시간이 갈수록 하늘에는 맑은 보석들이 반짝이기 시작한다. 밤이 깊어갈수록 점점 더 많은 별들이 서서히 잠에서 깨어난다.

지상의 모든 것이 조용히 숨을 고를 무렵에야 별들이 눈을 뜬다는 것은 우리에게 경건한 메시지를 전달하기 위함인지도 모른다. 무한한 우주공간에 하얗게 펼쳐진 은하계에 비해 지상의 생명이란 미미한 존재라는 것을.

인적 없는 한여름 밤의 강촌에 별빛과 더불어 차분히 가라앉는 태고의 정적. 그 사이를 비집고 낮과는 또 다른 소리가 들려온다.

귓불에 속삭이듯 나직이 들리는 여울물 소리, 무성한 풀숲에서 새어 나오는 철 이른 풀벌레의 가냘픈 노랫소리, 그리고 어두운 골짜기를 울리는 밤새들과 들짐승 울음소리.

거기에 귀를 기울여야만 들리는 은밀한 소리도 있다. 물고기가 솟구쳤다 떨어지면서 일으키는 청량한 물소리, 조심스럽게 지나가는 들짐승의 갈대 스치는 소리, 때로는 하늘에서 별똥별 흐르는 소리도 들리는 듯하다.

그러나 이러한 소리는 밤의 정적에 거슬리진 않는다. 오히려 강촌의 밤을 더욱 상큼한 정적 속으로 빠져들게 할 뿐만 아니라 듣는 이의 마음마저 맑게 해준다. 밤에만 들을 수 있는 자연의 숨결.

집을 나설 때면 들릴 듯 말 듯 하던 강물 소리가 물살이 여울지는 하루 쪽으로 가면 귓가에 와서 소곤거린다.

"부드러운 손길이 그립지 않으세요? 신발 벗고 들어와 보세요."

어떤 날은 또 이렇게 속삭이기도 한다.

"오늘따라 쓸쓸해 보이네요."

강물 소리는 매번, 나의 기분에 따라서 다르게 들리곤 한다.

어디선가 새들이 우는 소리도 들린다. 가만히 듣고 있으니 '홀딱벗고새'다. 어느 짓궂은 사람이 이처럼 야한 별명을 붙였을까. 그러나 별명과는 달리 가슴에 와 닿는 긴 여운이 애절하게 들린다.

선잠 들었던 뻐꾸기도 허전해선지 따라서 운다. 소쩍새는 골마다 옮겨 다니면서 시어미를 원망하며 운다. 오늘따라 별스럽게도 여러 종류의 새 울음소리에 거뭇한 산이 잠을 설치며 뒤척이고 있다.

강 건너편에서는 애타게 짝을 찾는 고라니의 목쉰 울음소리도 연신 울린다. 얼마나 간절하게 울기에 저처럼 목이 잠겼을까. 드디어 이쪽 갈대숲에서도 응답하는 소리가 들린다. 녀석은 기쁨에 겨워 목이 잠겨 있다.

이윽고 갈대가 사그락거리며 흔들린다. 갈대숲이 물결 갈라지듯 강 쪽으로 흐른다. 잠시 후 강물에서 첨벙대는 소리. 고라니 한 마리가 저편의 짝을 찾아서 별빛을 받으며 강을 건너고 있다. 오늘 밤은 호기심 어린 별들의 눈망울이 더욱 초롱초롱한 것 같다.

하류 쪽으로 더 내려가면 늘 비어 있는 외딴집이 있다. 그리고 그 부근에 있는 가로등은 친절하게도 산책길을 멀리까지 어슴푸레 비쳐준다. 그곳에서 더 걷다 보면 좁은 비포장 길이 나온다. 양옆으로는 갈대가 우거져서 어둡고, 밤 산책하기에는 무언가 모르게 으스스하다. 어떤 날은 밤 사냥을 나온 뱀이 어슬렁거리는 길이기도 하다. 산책은 여기까지, 나는 숨 한 번 고르고 되돌아선다.

어둠 속을 깜박깜박, 반딧불이가 연푸른 냉광冷光을 반짝이며 미풍에 날리듯 흘러간다. 한여름 밤은 지켜봐주는 이 없어도 별빛 아래 그렇게 깊어만 가고 있다.

밤의 순례자

여름밤의 산책이 마냥 평온하고 상쾌한 것만은 아니다. 여기에서도 삶의 고통과 죽음이 존재하는 세계를 한 번쯤 관조觀照하게 된다.

가로등 아래를 지날 때마다 얼굴에 수없이 달라붙는 하루살이며 부나비 때문에 느긋했던 발걸음을 재촉해야만 한다.

가로등 주위에는 크고 작은 온갖 종류의 부나비들이 불빛에 취해서 모여든다. 부나비는 새벽의 여명으로 가로등이 빛을 잃어갈 때까지 순례자처럼 끊임없이 몰려와서 고행을 하다가 죽어간다.

가로등 불빛이 영생의 불꽃인가? 구원을 갈망하며 가로등에 달라붙어 묵상하는 자, 환희에 겨워 주위를 맴돌며 어지럽게 춤을 추는 자, 땅바닥에 누워서 고통스럽게 날개를 파닥거리는 자, 이미 길바닥에 희끄무레하게 널브러져 있는 수많은 순례자의 주검들.

시간이 갈수록 고통이 끝난 주검들이 발 디딜 틈 없이 하얗게 쌓여간다. 밤에만 희미한 태양이 뜨는 이 작은 세계에도 생명 있는 것들의 갈망과 고통, 죽음이 있다.

야행성 부나비는 살기 위해 불빛으로 모여드는가, 아니면 죽음을 숭배하려 모여드는가. 거기엔 "왜?"라는 질문이 허용되지 않는다. 그것이 그들 세계의 삶인 것을 어쩌겠나. 어쩌면 우리의 삶이기도 하거늘.

어두운 허공을 배경으로 희미한 가로등 불빛이 내려 비치는 작은 원추형 세계는 조물주가 피조물의 세계를 내려다보는 시선 같기도 하고, 멀리서 보면 생명체가 있는 하나의 소행성 같기도 하다.

심야의 미화원

한편, 가로등 밑에는 부나비들의 활동을 무심히 지켜보는 또

다른 시선이 있다. 어떤 관점에서 본다면, 삶은 물론 죽음에도 다분히 희극적인 면이 있다.

낮에 가로등 부근을 지나갈 때면 무심코 지나치곤 했다. 그러다 어느 날 문득 밤의 부나비들이 생각나서 살펴보니 길바닥엔 아무런 주검의 흔적이 없었다. 잠시 이상하다 생각했지만, 바람에 날려갔나 하며 더 이상 마음에 두지 않았다.

그러던 어느 날 밤, 가로등 불빛 아래 어둠과의 경계선 근처에서 두 주먹만 한 크기의 돌멩이 같은 희끄무레한 물체가 눈에 띄었다. 유심히 살펴보니 두꺼비 한 마리가 꼼작도 않고 웅크리고 있었다.

녀석은 한동안 가만히 있다가 마주 앉아서 쳐다보고 있는 노인네가 허술하게 보이기 시작했는지, 혀를 날름 내밀어 바닥에 떨어진 부나비들을 삼키기 시작했다. 서두르지도 않고, 이따금 천천히 고통스럽게 파닥거리고 있는 생명들과 주검들을 거두고 있었다.

"목숨 있을 때 열심히 살아라. 너희들의 삶, 그 이후는 생각지 말지어다."

녀석의 중얼거리는 소리가 들리는 듯했다.

녀석은 부나비들의 순교를 무심한 시선으로 지켜보고 있다가 그들의 주검을 정화시키는 심야의 미화원이었다. 한 종種의 치열한 삶은 다른 종의 생명에게는 무심한 먹이사슬일 뿐이었다.

　한참을 재미있게 지켜보다가 심술이 발동하여 막대기를 주워서 두꺼비를 툭 건드려 봤다. 녀석은 눈알만 한 번 껌벅하고는 꿈적도 하지 않았다.

　"어쭈! 요놈이?"

　다시 툭툭 건드렸다. 그래도 녀석은 도망을 가지 않고, 귀찮다는 듯 슬그머니 옆으로 돌아앉았다.

　별님이 보석처럼 반짝이며 지켜보는데 하찮은 놈에게 무시를 당하다니, 슬며시 부아가 났다. 또한 음흉한 노인처럼 욕심 많은 녀석이 괘씸스럽기도 했다.

　"너 혼자만 먹으려고 숨겨 놓은 밥상이냐? 넌 처자식도 없냐?"

　이번에는 막대기로 쿡쿡 찔렀다.

　그렇지만 녀석은 여전히 도망갈 기색도 없이 엉덩이를 내 쪽으로 하고는 아예 돌아앉아 버렸다. 눈알만 뒤룩거리면서 더 이상 움직일 기미가 없었다. 아예 돌부처 같았다.

　"그래, 네가 부처다."

　이 상큼한 밤에 내가 싱거운 노인이 되어버렸다.

　더위도 막바지 무렵, 연사흘 동안 폭우가 내렸다. 강물이 범람하여 둑길은 물론 정원의 축대까지 물에 잠겼다. 흙탕물이 휩쓸고 지나간 뒤부터 늘 있던 자리에 두꺼비가 보이지 않았다. 며칠간 주변의 풀숲을 주의 깊게 살펴보았으나 찾을 수가 없었다.

이제야 생각하니, 두꺼비의 몸놀림이 굼떴던 게 늙어서 그랬던 것이 아닌가 싶다. 늙고 기력이 쇠하여 먹이 사냥을 제대로 못하게 되자 손쉬운 생존법을 터득했던 것 같다. 나름대로 사정이 있을진대 헤아리지 못하고 같이 늙어가는 주제에 구박을 하다니, 두꺼비에게 미안하고 안쓰럽기도 했다.

그러나 그것도 잠시일 뿐, 마음에 담아둘 일은 아니었다. 가로등 불빛 아래 두꺼비와 마주하고 쪼그려 앉아 있던 노인네 하나, 그 또한 머잖아 소리 없이 사라질 것을.

빗소리에 낚싯대 드리우고

나는 낚시를 좋아한다. 그것도 비가 내리는 여름날, 혼자서 하는 낚시를 더 좋아한다.

비 내리는 강변에 낚싯대를 드리우고 있으면, 파라솔을 두드리는 빗소리에 갇혀서 어느 결에 온몸이 조그맣게 움츠러들고 만다. 그러나 전신의 감각기능은 활짝 열리면서 가슴 밑바닥으로부터 잔잔한 희열이 물안개처럼 솟아오른다.

푸른 수면에 아슴푸레하게 피어오르는 물안개와 눈이 어지럽도록 무수한 물 돌기를 일으키며 흐르는 강물. 파라솔을 두드리는 굵은 빗소리 사이로 강물과 숲에 내리는 아득한 빗소리. 그리고 가끔 들리는 이름 모를 산새들의 젖은 울음소리. 거기에 짙푸른 숲에서 풍겨 나오는 싱그러운 초록빛 풀냄새.

내 작은 가슴으로 품기에는 너무 벅찬 감동이 밀려온다. 꿈결처럼 몽롱한 세계가 오로지 나만을 위해 펼쳐진다는 이 충만감.

비 오는 날의 낚시는 이처럼 몽환적 세계에 빠져드는 즐거움 뿐만 아니라, 어설픈 강태공도 낚시의 묘미에 흠뻑 취할 수 있는 또 하나의 즐거움이 덤으로 주어진다.

굵은 빗방울이 토닥토닥 수면을 때리기 시작하면, 물고기들의 입질이 활발해지면서 끌어당기는 힘도 좋아 손맛을 제대로 느낄 수 있다. 때문에 한적한 풍광을 즐기던 빈 살림망의 강태공도 담배 한 대 피울 틈 없이 바쁜 시간이 되고 만다.

그러다가 한동안 입질이 뜸하게 되면, 또다시 자신도 모르게 강물에 떨어지는 빗방울을 바라보다 빗소리에 취해서 정신이 아득해진다. 그러나, 잠깐 한눈을 팔기라도 하면 때를 기다렸다는 듯 낚싯대가 휘청거리면서 춤을 춘다.

뛰는 가슴으로 황급히 챔질을 하는 순간, 묵직한 중량감과 함께 물고기의 필사적인 몸부림이 낚싯줄을 통해서 심장을 울린다. 나는 그만, 아찔한 현기증과 더불어 터질 듯한 흥분에 휩싸여버린다.

물속에서 좌우로 끌고 당기는 녀석과의 싸움이 시작되면 낚싯줄에서는 '피잉~ 핑' 하는 소리가 연신 울린다. 휘청대는 낚싯대에 전신의 신경이 집중되면서 혹시나 낚싯줄이 터질까, 녀석이 수초 속으로 파고들지나 않을까 하는 팽팽한 긴장감에 빗소리는 까마득히 잊고서 무아지경으로 빠져들고 만다.

마침내 물속에서 몸부림치던 붕어의 하얀 비늘이 수면에 떠오르면서 격동의 순간이 지나면, 다시금 빗소리에 귀를 기울이며 느긋한 심정으로 붕어와의 재회를 기다린다.

"쏴아~" 하며 지나가던 빗소리가 점점 멀어지면서 이슬비가 내린다. 강물이 간질간질 간지럼을 탄다. 피어오르던 물안개가 서서히 퍼지면서 강변 외딴집이 흐릿해진다. 드디어 물안개가 골짜기를 타고 산으로 오른다. 강물의 정령이 자유로운 영혼이 되어 가물거리며 하늘로 오른다.

허공을 떠돌면서 자신이 흘러온 길, 흘러가야할 지극히 보잘것없이 가느다란 삶의 궤적을 어렴풋이 내려다본다. 때로는 급하게, 때로는 아우성치며 달려온 자신의 삶을 들여다본다. 마음과 달리, 무엇에 쫓겨서 생각은 그처럼 허둥대고 몰입하며 살아왔을까.

인적이 끊어진 강변에서 고즈넉한 풍경을 즐기는 녀석이 또 하나 있다. 파라솔도 없이, 비를 맞으며 후줄근한 모습으로 서 있는 왜가리 한 마리.

낡은 잿빛 도롱이만 걸치고서 강물에 발을 담그고 먼 물길만 바라보고 있다. 길고 가느다란 다리, 가냘픈 몸매가 안개에 실려 홀연히 사라져버릴 것만 같다.

비 오는 날은 그도 상념이 많은가 보다. 낚시에는 별 생각이 없는지 넘실거리며 흘러가는 강물만 무심히 바라보고 있다. 빗속에서도 초연한 모습이 어쩐지 친숙하게 다가온다. 아마도 내가 닮고 싶어 하던 모습이 아니었던가.

그러나 여름날의 소나기는 변덕스럽다. 한차례 소나기가 지나고 잠잠하다가 갑자기 먼 산으로부터 굵은 장대비가 지축을 울리며 달려온다. 느닷없이 빗줄기에 정신없이 두들겨 맞은 푸른 숲이 하얗게 잎을 뒤집으며 출렁이다가 해일처럼 거친 파도를 일으키며 장대비를 뒤따라 밀려온다. 능선과 골짜기, 온 산이 꿈틀거린다.

드디어 장대비가 낚시터를 덮친다. 작은 파라솔이 광란의 춤을 춘다. 수면에는 어지럽게 튀어 오르는 물방울이 뿌옇게 물보라를 일으킨다. 강물과 푸른 숲이 물보라 저편에서 미친 듯 출렁거린다. 시커먼 하늘이 무겁게 내려앉고, 빗소리는 지상의 온갖 소리를 삼켜버린다.

그만, 낚시터는 붕어와의 대화가 끊어지고 초토화된다. 그렇지만 너울거리는 물결 위로 허옇게 춤추는 물보라를 바라보며 빗소리에 넋을 잃고 앉아 있는 것만으로도 좋다.

그러다가 광기狂氣 서린 자연의 조화에 넋을 빼앗긴 나는, 점점 더 조그맣게 움츠려들다가 마침내 한여름 꿈결 같은 풍광 속으로 빨려들어 하나의 점點이 되어버린다. 무한한 자연 속으로 이내 스러져버릴 작은 점.

비 내리는 강변에 혼자 웅크리고 앉아 있는 나는, 무얼 낚는가. 빗소리와 산새 소리, 싱그러운 풀 향기를 낚고 붕어 몸부림에 파르르 가슴 떨리는 흥분을 낚는다. 또한 강물의 정령과 벗이 되기도 하고 왜가리에게서 닮고 싶은 내 모습을 만나기도 한다.

허전했던 마음 망태기가 희열로 그득해진다.

촌평

제목부터 풍기는 운치와 여유, 참 부럽다.

비 오는 강변 풍경, 강태공은 물고기만 낚는 게 아니었다. 사념도 서정도 함께 낚고 있다.

'드디어 물안개가 골짜기를 타고 산으로 오른다. 강물의 정령이 자유로운 영혼이 되어 가물거리며 하늘로 오른다. 허공을 떠돌며 자신이 흘러온 길, 흘러가야 할 길을 내려다본다.'

삶의 궤적을 내려다보는 것은 물안개가 아니다. 강태공이다.

존재의 가벼움에 나도 따라 둥실 떠올라 본다. 아무것도 아닌 내 삶의 궤적을 내려다본다. 허전했던 강태공의 마음 망태기가 희열로 그득해질 즈음, 나는 큰 숨 한 번 내쉬어 마음을 비운다.

— 이복희(수필가)

대~박!!! 두 번 읽었습니다.

우리 집 능감도 오랜만에 좋은 수필 읽었다네요.

— 송혜영(수필가)

숨도 안 쉬고 읽었어요. 무뚝뚝한 모습 거 어디에 야들야들한 감성이 숨어 있는지….

부럽부럽 ^^

— 왕린(수필가)

고견사 행자승은 무슨 말을 하고 싶었을까

 고등학교 삼 학년, 여름방학이 빈둥거리는 사이에 지나가버렸다. 그동안 별 신통하게 놀아 본 적도 없이 대학 입시 공부도 제대로 하지 못했다. 야단났다는 생각에 마음이 무거워졌다.

 개학 첫날에 담임선생을 찾아가서 입시 공부를 위해 한 달간 학교를 쉬겠다는 일방적인 통보를 한 후, 뒤통수에 달갑지 않은 눈총을 받으며 책가방을 꾸려서 의상봉 고견사古見寺를 찾았다.

 거창군 가조면에 있는 의상봉은 태초에 산봉우리에서 용암을 쏟아 부은 듯, 아래로 힘차게 흘러내리는 산세가 보는 이들의 마음을 시원스럽게 해준다. 푸른 돌이끼가 두텁게 덮여 있는 가파른 계곡을 따라 소나무 숲길을 올라가면 작은 폭포수 위쪽, 계곡의 물소리가 잠잠해지는 지점에 울창한 숲 사이로 암자 입구가 모습을 드러낸다.

새까만 돌을 쌓아올려 옛 성벽과도 같은 축대 위에 암자가 자리 잡고 있다. 그 뒤로는 숲에 절반쯤 가려진 의상봉 정상의 기암절벽들이 병풍처럼 둘러서 있다.

고견사는 비구니 절로서, 주지 스님은 볼그레한 얼굴에 나이보다는 훨씬 젊게 보이는 온화한 초로初老의 여승이었다. 그 아래로는 사십 대로 보이는 여승과 내 또래의 행자승, 그리고 허드렛일을 하는 남자 노인네 한 사람이 전부인 조촐한 절이었다.

식사 시간이 되면 스님들이 거처하는 본채에서 들려오는, 죽비를 손바닥으로 탁탁 치는 소리를 신호로 대청마루에 둘러앉았다. 별난 신호 방법이었다.

두 스님과 행자승이 마루에 원을 그려 둘러앉고, 나는 별도의 밥상을 받아 옆자리에서 식사를 했다. 식사 시간에는 밝은 분위기에 농담이 오가고, 유일한 햇병아리 남자인 내게는 짓궂은 말장난도 서슴지 않았다. 아마도 한적한 암자 생활에 뛰어든 불청객이 심심풀이 대상이 되었나 보다.

절간의 음식은 반찬으로 산채나물이 전부인데도 여승들의 솜씨가 좋아서 구미에 잘 맞았다. 이름 모를 새까만 열매를 볶아서 간장에 띄우면 참기름과도 같은 고소한 기름이 동동 떠올랐다. 첫날 식사 시간에 주지 스님에게 농담 겸 꾸중을 들은 이후로, 나는 식사가 끝날 무렵이면 식기에 물을 부어서 밥알 한 톨 남기지 않고 후루룩 마시고는 식사를 끝냈다.

한나절 숲에서 참개구리가 울더니 오후엔 소나기가 내렸다. 비가 내리기 시작하니 골짜기 아래로 보이던, 누런 들판에 옹기종기 둘러앉은 초가집들이 엄습하는 비구름 속에 묻히고 말았다. 구름 위로 솟은 선계仙界에서 내려다보는 인간 세계는 평화롭고 아름다웠다.

산속의 아침저녁은 초겨울 날씨처럼 으스스하게 추웠다. 저녁이면 군불 지피는 장작불 연기가 구들장 틈으로 새어 나와서 방 안은 매캐한 냄새로 가득 찼다.

아직은 가을이 멀었건만 나뭇잎 스치는 바람소리, 계곡을 어루만지는 차가운 물소리, 밤이 새도록 가을을 재촉하는 풀벌레들의 금속성 소프라노. 밤이 되면 더욱 크게 골짜기를 울리는 이 같은 스산한 소리에 이끌려 산속의 암자에는 이미 가을이 찾아온 것 같았다.

작은 나무 탁자 위에 촛불을 세우고 책을 펼치고 앉았으나 밤이 깊어갈수록 정신은 산란해지기만 했다.

밝은 달빛에 하얗게 젖은 창호지, 그 위로 드리운 소나무 그림자가 바람소리에 술렁술렁 흔들리고 귀뚜라미 울음소리에 문풍지가 바르르 떨렸다. 그만, 책을 덮어버리고 바람벽에 기대고 앉아서 눈을 감았다. 바람소리, 계곡의 물소리가 더욱 크게 심장을 울렸다.

늦은 밤, 등 뒤의 미닫이문이 사르르 열리면서 미풍에 촛불 그림자가 출렁거렸다. 뒤돌아보니, 간식을 가져온 행자승이 나무 쟁반을 앞에 밀어 놓고서 조용히 고개를 숙인 채 무릎 꿇고 앉아 있었다. 낮에 어쩌다 마주치면 무슨 말을 할 듯 말 듯 한 애절한 눈초리로 머뭇거리다가 황급히 시선을 떨어뜨리고 지나치던 그녀. 촛불 빛에 비친 파르스름한 머리가 애처롭기만 했다. 아직 어린 나이인데 무슨 사연이 있기에 인간 세계를 마다하고 떠나왔을까.

한동안 나 자신도 어찌할 줄 몰라서 돌아앉은 채로 책 읽는 시늉만 하니, 가벼운 한숨 소리와 함께 다시금 촛불 그림자가 일렁이면서 조용히 미닫이문 열어 닫히는 소리가 났다. 막상 그녀가 가고 나니, 말 한마디 건네지 못한 것이 가슴 아프기만 했다.

"또르르… 톡! 톡! 또르르…."

이른 새벽, 꿈속을 파고드는 염불 소리와 함께 높게 울렸다 스러져버리는 투명한 목탁 소리에 잠이 깨었다.

밖으로 나오니, 아직 어둠이 가시지 않은 새벽하늘을 배경으로 암자 뒤편에 우뚝 솟은 험준한 산봉우리들이 시커먼 그림자를 던지며 다가왔다. 희미한 하늘에는 푸른빛을 머금은 별들이 마지막 싸늘한 빛을 발하고 있었다.

계곡을 흐르는 시린 물을 몇 모금 마시고서 아침 예불에 참석했다. 머리가 맑아지면서 온몸이 가벼워졌다.

오늘 밤에도, 간식을 가져온 행자승이 한동안 등 뒤에 앉아 있다가 돌아갔다. 이제 그녀가 들고 날 때는 여닫는 문소리도 나질 않아서 일렁이는 촛불 그림자로만 그녀의 소리 없는 출입을 느낄 뿐이었다.

그녀가 등 뒤에 앉아 있는 동안에는, 숨이 막힐 것 같은 정적에 갇혀서 시간마저 멈춰버린 것 같은 중압감이 느껴졌다. 제발, 오늘 밤에는 돌아앉아서 말 한마디라도 건네주어야지, 라고 매일 생각해왔으나 오늘 밤도 침묵만 흘렀다. 그녀가 실바람처럼 가버리고 나면 망설이기만 하던 내 자신이 답답해지면서 그녀가 더욱 애처롭게 느껴졌다.

그렇지만 말을 건넨다는 것은 차마 할 짓이 아니라는 생각도 들었다. 어떤 사연으로 입산을 했든, 그의 마음이 흐트러지지 않게 하기 위해서는 차라리 매정하리만치 냉담하게 대하는 것이 그녀를 돕는 길인지도 모른다 생각했다.

어느덧 암자에 오른 지 한 달이 되었다. 내일이면 추석. 그동안 혼자만의 호젓한 멋에 도취되어 처음 각오했던 입시 공부는 별 신통치 않고, 산책과 사치스러운 사색으로만 소일한 것 같았다.

암자 입구를 나서며 뒤돌아보니, 결국 말 한마디 건네지 못했던 행자승이 스님들 한켠에 비켜서서 허망한 시선으로 하늘을 향해 서 있었다. 나도 모르게 눈시울이 붉어져 황급히 발걸음을 재촉했다.

집에 도착하니 벌써 밤이 되었다. 오랜만에 친구 녀석을 불러내어 막걸리에 취해서 구멍가게에서 산 풍선피리를 불며 읍내 거리를 배회했다. 밤거리에는 산골 암자에서 느낄 수 없던 인간 세계의 활기가 넘치고, 명절을 맞아 고향을 찾아오는 사람들의 즐거운 표정이 넘치고 있었다. 역시 나 같은 범인에게는 속세의 냄새가 정겹게 느껴지기만 했다.

인적이 한산해진 늦은 밤거리에는 추석 전날의 밝은 달이 하얗게 비치고 있었다. 문득, 둥근 달 속에 행자승의 애잔한 모습이 떠올랐다. 지금쯤 고견사 뜰에도 바람에 날리는 달빛이 그득하겠지.

오랜 세월이 흐른 지금도 고향 생각이 날 때면 행자승의 애잔한 모습이 떠오른다. 그때 그 행자승은 내게 무슨 말을 하고 싶었을까? 어린 나이에 입산하게 된 처지를 하소연하고 싶었을까, 가족을 찾아 소식이라도 전하고 싶었는가.

  나를 향한 사춘기 소녀의 마음으로 지레짐작하여 회피해버린 것은 나의 오만함 때문은 아니었는지. 끝내 그녀에게 말 한 마디 건네지 못한 것이 아직도 가슴 한편에 아쉬움으로 남아있다.

아득한 기억의 저편, 아련한 영상

철원 DMZ(비무장지대) 안보문학기행 버스 안은 과거와 달리, 근래에 등단한 젊은 회원들의 들뜬 목소리로 시끌벅적하다. 코로나 방역 시기를 거치는 동안 연로한 회원들은 기력을 상실했는지, 몇 사람만 참석했고 그마저도 얼마 달리지 않아서 조는 듯 마는 듯, 말들이 없다.

유월 초, 신록이 출렁이는 광활한 철원 평야는 드넓은 바다를 닮았다. 수평선처럼 아득히 펼쳐진 연초록 평원과 그 너머 해무 같은 옅은 안개에 가린 웅장한 산맥, 폐 속까지 스며드는 싱그러운 냄새. 꿈에서 본 듯한 신천지에 온 것 같았다.

평화전망대를 거쳐 동부 산악지대로 가는 길은 험한 계곡과 비탈길, 버스도 비틀거리며 달린다. 나도 흔들리며 졸다가 '신수리' 도로 표지판이 보이는 순간, 가슴속에서 한줄기 샘물 같은 아련한 그리움이 솟아오르며 지친 마음에 생기가 솟는다.

무엇엔가 이끌려 모천으로 회귀하는 연어처럼, 직업군인으로 전국을 떠돌면서도 언젠가는 찾고 싶었던 36년 군 시절 마음의 고향, 비무장지대의 초원과 GP(감시초소), 그리고 신수리, 와수리 마을이었다.

육군 소위로 임관하여 소대장으로 처음 부임한 부대가 철원에서도 동부 산악지대의 백골사단, 그중에서도 최전방 철책을 맡고 있던 백골연대였다.

연대장 신고를 하기 전, 보직을 확인하니 보병대대 소대장이었다. 그런데 지금 생각해도 무슨 객기였던지, 난 "보병 소대장은 안 한다. 철책 너머 비무장지대에서 활동하는 수색중대 소대장으로 가겠다."고 우겼다.

신임 소위가 이미 내린 명령에 불복하고, 모두가 꺼리는 비무장지대 GP로 가겠다니 인사참모가 말리다 못해 인사명령을 다시 결재받아야 하고, 지금은 GP 소대장 공석이 없어 한 달 후에나 보직이 된다고 했다. 그래서 같이 간 동기생들보다 한 달여 늦게 소대장 견장을 달게 되었다.

그렇게 소대장으로 부임한 곳이 안암산(587m) 아래 위치한 GP였다. 그곳은 전방에 횡으로 뻗은 평야지대를 가운데 두고 서 북측엔 우람하게 솟은 오성산(1,062m), 바로 마주한 적 GP는 불과 4~500m 정도로서 양측의 확성기를 통한 선전 소리가 온종일 골짜기를 울렸다.

그 당시 대북 확성기 방송은 심리전 면에서 효과가 탁월했다. 북한군의 사기 저하는 물론, 철책을 넘어 귀순하는 북한군이 가끔 있었다. 그런데 지금은 우리의 효과적인 수단들이 모두 잠자고 있다.

GP는 한번 들어가면 다음 소대와 교대할 때까지 몇 달 동안, 일주일에 한 번씩 보급품을 수송하는 군 차량 외에는 외부와의 접촉이 일체 단절된 망망대해의 고도와도 같은 육지 속의 외딴섬이다. 야간이면 철책선을 따라 구축된 잠복호에서 전 소대원이 경계근무를 하다가 주간에는 관측 요원을 제외하고는 벙커 내무반에서 취침을 하는, 밤낮이 뒤바뀐 생활을 반복했다.

그러나 이 지루한 일상을 깨트리는 일들이 심심찮게 일어났다.

존엄을 건드리면 총알 세례를

가끔, 북한 GP에서 군관 녀석이 고함치며 말을 걸어오곤 했다.

"야아~ 만득이 나와라~"

그럴 때면 우리 소대원 중 한 명이 호기를 부리며 잠복호 위로 올라가서 대꾸를 하곤 했다. 처음엔 농담 투로 이어지다가 결국엔 말싸움으로 끝났다. 그런데 말싸움은 항상 우리 측 참패로 끝났다.

북측 놈은 사상교육을 받은 정치 군관인지 항상 동일인에, 말꼬리를 잘 물고 늘어졌다. 우리 병사들은 그놈의 상대가 안되어, 결국 응대 금지지시를 내리고 한동안 대꾸를 못 하게 했다.

그러던 어느 날, 그날은 유난히도 만득이를 찾는 소리가 계속 들려서 이번에는 내가 소대원들의 시선을 받으며 잠복호 위로 올라갔다. 그놈의 심리적 공세에 계속 밀릴 순 없었기에.

"야아~ 넌, 만득이가 아닌 것 같은데, 도대체 누구냐?"

"만득이는 벌~ 써 제대했다, 이놈아."

"뭐, 제대?"

"우리 병사들은 삼 년 복무하는데 너희들은 십 년 이상 한다며? 차라리 탈영해서 남으로 내려와라. 이 불쌍한 녀석아."

"이 자식 말조심하라우. 너 남조선 장교냐?"

"그렇다. 장교님이다."

"장교가 왜 그렇게 덩치가 작나?"

날 한 방 먹일 모양이었다.

"장교는 머리로 지휘하지 덩치로 하냐? 너희 군관 놈들은 미련하게 덩치만 크냐?"

놈이 한 방 먹었는지 한동안 말을 잇지 못했다.

이때다 싶어 연타를 날렸다.

"야~ 니들은 아버지가 둘이라며?"

"간나 새끼, 뭔 소리야?"

"너를 낳아준 아버지, 또 어버이 수령. 누가 진짜 네 애비야?"

"이 썅 간나 새끼!"

갑자기 놈이 교통호 속으로 사라져버렸다.

KO 펀치를 날리고서 씩 웃으며 내려오려는 데, "파- 박!" 흙먼지가 발끝 한 뼘 앞에서 튀며 뒤따라 총성이 두 발 울렸다. 정조준 연발 사격이었다.

놈들은 어버이 수령을 들먹이면 인사불성이 된다. 신성불가침이다. 녀석이 조준점을 조금만 올렸더라면 지금쯤 난 국립묘지에서 코골며 자고 있을 뻔했다.

간절한 염원이 불러온 기적

또 다른 일화도 있다. 그날도 놈과 입씨름하고 있는데 우리 측으로 다소 가까운 상공에서 솔개 한 마리가 원을 그리며 선회하고 있었다.

"야 이놈아, 저번에 네놈 사격 솜씨가 형편없던데 저 솔개 한번 쏴봐라."

"야이 미친놈아, 저걸 어떻게 맞추나."

"그러니까 네놈이 형편없는 놈이라지."

"그러면 장교 네놈이 자신 있으면 쏴봐라."

"그걸 못해? 이 장교님께서 쏠 테니 네놈은 똑똑히 봐둬라."

그러고선 바로 아차! 하고 후회가 되었다. 공중에 매단 물체도 아니고, 선회하고 있는 작은 솔개를 어떻게? 놈을 몰아붙이다가 스스로 함정에 빠져버렸다. 빤히 쳐다보고 있는 소대원들 앞에서 꽁무니를 뺄 수도 없어, 소총을 들고 솔개를 조준하기 시작했다.

그러나 허공을 나는 솔개는 조준 자체가 불가능했다. 평시 일등 사수 축에도 끼지 못하는 내 실력으로, 더구나 카빈 소총으로는 어림도 없었다. 목덜미에 진땀이 솟았다. 맞혀야지, 맞혀야지 하면서도 방아쇠를 당길 수가 없었다.

멈칫거리는 사이에 시간은 가는데 솔개가 더 멀리 날아가 버리면 어떡하나, 눈앞이 침침해졌다. 잠시 눈을 감고 호흡을 조절하다 무의식적으로 방아쇠를 당겼다.

"탕~"

그러곤 정적….

이윽고 터지는 소대원들의 함성 소리!

하늘엔 솔개 한 마리가 양 날개를 편 채 사선으로 내리꽂히고 있었다.

참호 위로 소대원들이 뛰어올라 소대장을 목발 태우고 춤을 추며 고함을 질렀다.

"야 이놈들아 봤제? 봤제? 네놈은 우리 소대장님께 걸리면 한 방에 뒈져!"

그것은 실력이 아니라 반드시 맞혀야지, 맞혀야지 하는 간절한 염원이 불러온 기적이었다. 그 후로 한동안 북측에서 말을 걸어오던 놈이 나타나지 않았다.

그러고서 십 년쯤 지나 어느 부대 정보부서에 근무하며 전선의 북한군 동향보고서를 보니, 옛날의 그 GP에선 아직도 '만득이'를 찾는 소리가 들린다고 했다. 남한 병사는 복무 기간 삼년이란 말을 도무지 믿지 않는 모양이었다.

요즘도 북한군 복무 기간은 최소 7~8년, 길게는 10년 이상인데 우리 병사들의 복무 기간은 얼마일까? 정권이 바뀔 때마다 복무 기간이 줄고 또 줄어 직업군인 출신인 나도 이젠 헷갈려 모를 지경이다. 숙련은 고사하고, 과연 총기를 제대로 다룰 수 있는 훈련이라도 받고 배치되는지?

아련한 영상

삭막한 GP 생활이지만 병사들에겐 일주일에 한 번씩 호사스런 일도 있었다.

평시 대북방송은 녹음된 내용을 고성능 확성기를 통해서 내보냈다. 체제 선전이나 귀순을 유도하는 내용도 있지만 당시에 유행하던 대중가요도 방송했다. 이연실의 '새색시 시집가네', 은희의 '꽃반지 끼고' 등의 맑고 애잔한 노래가 바람을 타고 갈대숲 들녘을 건너 살벌한 북으로 흘러갔다.

그런데 매주 한 번씩은 금녀의 지역에 여군 방송원들이 육성 방송을 위해 GP를 방문했다. 그럴 때면 평시 꾀죄죄하던 소대원들은 들떠서 전날부터 비누 세수를 하고, 바가지처럼 생긴 다리미에 나무를 태운 숯불을 만들어 바지를 다리곤 했다.

여군들은 차례로 육성 방송을 하고 나면 어두컴컴한 벙커에서 소대원들과 어울려 춤과 노래자랑을 했다. 그중에서 여군 아씨 된 명은 늘 슬며시 빠져나와서 좁은 소대장실로 찾아오곤 했다.

조용하고 심성이 따뜻하며, 얼굴이 창백하리만치 하얬다. 어울리지 않는 군복을 입은 그가 볼 때마다 안쓰러웠다. 그는 무인도에 유배된 신참 소위가 쓸쓸해 보였던지 매번 소소한 선물을 가져왔고, 어떤 날은 내가 좋아한다는 곡이 담긴 레코드를 사오기도 했다.

비무장지대 소대장 십 개월쯤 되었을 때 새로 부임한 연대장이 GP에 순시를 다녀간 후, 연대장님 면담이 있으니 연대본부로 내려오란 연락이 왔다. 이유야 모르지만 덕분에 실로 오랜만에 '와수리 막걸리'를 맛보게 되었다며 신나게 철책선 후방으로 내려갔다.

연대장실에 들어가니 다짜고짜, 앉아서 차 한잔 하라시더니 오늘부로 보병대대 작전참모로 가라고 하셨다. 그러고선 바로 대대장에게 전화해서 "당신 작전참모가 와 있으니 직접 와서 모셔 가시오."라고 했다. 때문에 소대원에게 하직 인사도 못하고 소대장 임기도 채우지 못한 채, 새파란 소위가 대대 작전장교가 되었고 GP에서의 인연들은 단절되었다.

그런데….

몇 해 전, 두 번째 수필집을 내고서 얼마 안 되어 한 여인에게서 메일을 받았다.

"선생님, 혹시 옛날 ○○ GP장 하셨던 신 소위님 아니신지요? 기억하실지 모르지만, 전 그때 방송하려 올라갔던 여군 하사 ○○○입니다."

이럴 수가! 무려 47년, 아득한 세월이 흘렀는데. 그때 연락할 길이 없어 소식을 전하지 못하고, 알았더라면 분명….

다시금 비무장지대 풍경과 소대장 시절이 생생하게 되살아난다.

그곳은 남북이 다투는 인간사와는 아랑곳없이, 질펀한 평원에 흐드러지게 피어 있는 이름 모를 야생화, 무성한 숲과 갈대, 그 사이로 몰래 흐르는 맑은 시냇물, 어슬렁거리는 들짐승, 계절 따라 온갖 철새들이 몰려드는 지상의 낙원이었다.

　세찬 바람 소리와 함께 눈보라 몰아치는 겨울이면, 산과 들은 희뿌옇게 내리덮은 눈구름 속에 설원을 이루어 백야처럼 밤낮의 경계도 사라져버리는 야생 그대로의 자연이었다. 또한 가끔씩 비무장지대로 진입하여 수색이나 야간 매복을 하다가 부스럭거리는 고라니 소리에 놀라 가슴을 쓸어내리던 곳이기도 했다.

　그곳의 대자연은 나의 첫 근무지일 뿐 아니라 가슴이 벅차도록 아늑함과 막막함, 충만과 공허함, 그 모두를 안겨준 잊을 수 없는 군 시절 마음의 고향이다. 그리움이 솟아오를 때면 그 시절이 한편의 영상처럼 아련하게 떠오른다.

밤비 따라 오는 사람

 비가 내리는 날이면 나는 빗소리를 듣기 위해 거실이며 안방, 부엌의 창문까지 모조리 열어 놓는다.

 창문 위의 차양막을 토닥거리는 빗소리를 들으며 안개처럼 엷은 비구름에 휩싸인 아슴푸레한 산, 비에 젖어 소리죽여 흐르는 강물을 바라보고 있노라면 그동안 무심코 잊고 지내왔던 사람들이 그리워지면서 누군가를 기다리는 심정으로 가슴이 설렌다.

 그러다가 차츰 마음이 들떠서 빗속을 헤매고 싶어진다. 우산을 받쳐 들고 함께 얘기를 나눌 수 있는 사람이라도 있으면 좋겠지만, 혼자라도 상관이 없다. 빗물 머금은 싱그러운 풀냄새를 맡으며 시골길을 거닐거나, 수면에 무수한 동그라미를 그리면서 잔잔하게 흐르는 강물을 보며 아무런 생각 없이 언제까지나 강변에 서 있어도 좋다.

 그러나 비가 내리는 날은 어둠도 슬금슬금 일찌감치 찾아드는다. 어둠이 점점 짙어갈수록 누군가를 기다리던 들뜬 가슴에 허전한 바람이 밀려든다. 이럴 때면 나는 실내의 전등을 모두 꺼버리고선 어둠 속에서 멍하니 빗소리에 귀를 기울이며 밤이 늦도록 앉아 있곤 한다.

아무런 상념도 없이 한동안 눈을 감고 있으면 의식이 흐릿해지면서 서서히 가면상태로 빠져든다. 그러면 눈과 귀를 비롯한 전신의 감각기능이 닫히면서 가슴만으로도 어둠과 빗소리를 느끼게 된다.

어두운 강변에 홀로 엎드려 있는 작은 집 지붕을, 나뭇잎과 마당을, 강물과 대지를 두드리는 무수한 빗방울이 일으키는 다양한 소리가 어우러진 합성음은 단순히 "쏴아~" 하는 소리로만 울린다.

그러나 지면에 깔리듯 나직이 들리는 그 소리는, 우주공간을 빈틈없이 채운 것처럼 지상의 어떤 소리도 비집고 들어올 틈 없이 무겁게 가라앉으면서 아득하게 울린다. 그러다가 빗줄기의 강도에 따라 서서히 잦아들다 다시금 가슴 가득히 다가오곤 하는 그 소리는 시공을 초월하여 머나먼 우주에서 들려오는 천상의 자장가 소리인지도 모른다.

잠결에 가물거리던 의식이 끝 모를 심연으로 한없이 가라앉는다. 다시는 깨어나지 않을 것처럼. 아무런 느낌이 없는 이대로 영원히 잠들어버려도 좋을 것 같다. 그렇지만 이렇게 잠들기엔 너무나 아쉬운 밤, 그냥 잘 수는 없다.

스탠드 등을 켜고서 그동안 받아두기만 하고 미처 읽지 못했던 책들을 뒤적이다가 한 권을 펼쳐 들고 앉는다. 그러나 시선은 이미 어둠 저편으로 빨려 들어가버렸고 청각은 창밖의 빗소리를 더듬느라 활자가 눈에 들어오지도 않는다.

비 내리는 호젓한 밤에 독서라니, 생뚱맞기도 하고 멍청한 노릇 같기도 하다. 차라리 허전한 마음을 채워줄 술이나 한 잔 하는 게 좋겠다.

누군가를 불러내어 오붓하게 술잔을 기울이고 싶지만 늦은 밤에 그럴만한 친구가 가까이서 기다리고 있을 리도 없으니, 혼자라도 하는 수밖에.

간단한 안줏거리를 챙겨서 술잔 두 개를 마주 놓고 앉는다. 하나는 내 것, 또 하나는 누군가의 것.

아 참, 비 오는 밤에 혼자 마시는 꼬락서니는 너무 청승스럽겠지. 이왕이면 그럴듯하게 음악이라도 있어야겠다.

예부터 좋아했던 곡들을 장르 구분 없이 연대별로 모아서 편집해 놓았더니 그 분량이 꽤 된다. 오늘은 청소년 시절, 1960년대에 유행했던 음악을 틀고서 술을 따른다. 나 한 잔, 누군가인 당신도 한 잔.

한 잔을 단숨에 홀짝 마신다. 왜, 누군가는 마시기 싫어? 그럼 내가 대신 마시지 뭐. 또 꼴깍 마신다. 세 잔, 네 잔…. 마실수록 빗소리는 잊고 볼륨을 한껏 높인 음악 소리만 가슴을 울린다.

그래, 저 곡을 즐겨 듣던 때의 나는 고등학교 졸업 후 집을 뛰쳐나와 한동안 방황하던 때였지. 누구 하나 기댈 사람 없던 외톨이에 빈곤한 생활, 희망이 보이지 않는 미래에 대한 막막한 심정으로 지낸 암울한 시절이었지.

산비탈, 판잣집 단칸방. 매일 밤 불면에 시달리다 하얗게 밤을 새우고 아침이면 빠진 머리카락이 수북이 쌓이던 날들, 그런 시절이었지.

한 곡, 한 곡 바뀔 때마다 그 당시의 내 처지와 심경, 그리고 스쳐 간 사람들이 떠오르면서 추억에 잠긴다. 그러다가 어느새 나도 모르게 가슴이 먹먹해지더니 눈시울이 젖어온다. 아직도 나에게 눈물이?

험한 세월 견디느라 메말랐던 심장이 따뜻해지면서 잃어버렸던 눈물이 되돌아온다.

아울러 불우한 환경에서도 애틋한 소설 한 권에 며칠 동안 가슴 아파하고 눈물도, 꿈도 많았던 해맑은 소년도 떠오른다.

그런데 오늘의 나는, 젊은 시절의 내 모습에서 얼마나 멀어졌을까. 또한 삶의 무게는 얼마나 더 가벼워졌을까. 그렇더라도 노년기에 접어든 나에겐 후회스럽거나 불행했던 기억은 탈색되어버렸다. 오직 돌아올 수 없는 그 시절이 그립고 아름다웠다는 기억만 있을 뿐.

이제 밤은 깊었는데, 술은 취하고 잃어버린 눈물도 되돌아오니 마음은 그지없이 평온하기만 하다. 음악도 끝났는지 창밖의 빗소리만 아득하다.

그 아득한 빗소리를 따라 누군가 다가오고 있다. 젊은 시절의 순수하고 다정다감했던 내 모습이. 어둠 속에 내리는 빗소리를 조용히 듣고 있으면 그동안 잊고 지내왔던 사람이 바로 내 자신임을 깨닫게 된다.

겨울, 산촌

 겨울이 오면 홍천강변 뒤뜰 마을, 나지막한 산으로 둘러싸여 아늑했던 분지는 바람과 눈과 얼음의 나라가 된다.

 화사했던 햇볕은 찬바람에 씻겨 허옇게 바래고 눈 덮인 산은 선 채로 굳어버린다. 북녘 산골짜기를 돌아내려 오는 강줄기는 뒤뜰 분지를 가로질러 남녘 산골로 굽이지면서 거대한 빙하지대를 이룬다.

 황량해진 동토의 산촌에는 생명의 숨결이 잦아들면서 온 세상은 싸늘한 은빛으로 반짝이는 죽음의 대지로 변해버린다. 죽음의 대지에서 살아있는 것이라곤, 무심한 자연도 몸서리치는 심술궂은 바람뿐이다.

 날카로운 휘파람 소리로 산을 울리고 죽은 듯 엎드린 빙하를 내리밟으며 질주하다가 꼿꼿이 선 채로 항거하는 갈대를 미치도록 괴롭힌다. 가사상태에 빠져 있던 강물도 견디다 못해 쩌엉~ 가슴 갈라지는 소리를 낸다.

 대자연의 위세에 눌린 뭇 생명은 하찮은 존재가 되어 자취를 감추고 숨을 죽인다. 그 많던 산새와 물새 한 마리 날지 않고 천방지축 나대던 낚시, 캠핑족들도 발길이 끊어진다. 심지어 이곳 주민들조차 해마다 놀란 가슴을 쓸어안고 일찌감치 어둠 침침한 아랫목에 움츠리고 앉아 동면에 들어간다.

며칠째 두텁게 드리운 잿빛 구름이 뒤뜰 분지를 덮어씌운 것처럼 사방으로 둘러선 산봉우리 위로 내려앉아 있다. 북녘에서 흘러내린 산자락에 등을 대고 앉은 작은 산촌은 연무처럼 짙게 퍼져 있는 음습하고 어두운 기운에 짓눌려서 질식한 듯 엎드려 있다.

드디어 짓눌린 숨결이 소생하듯 잔바람이 일기 시작하더니, 어제 잠시 그쳤던 눈이 다시 희끗희끗 날리기 시작한다. 갈수록 세찬 바람소리와 더불어 눈발이 거세지면서 북으로 어느 정도 떨어져 있는 산촌이 점점 흐릿해진다.

젊은이들이 떠난 마을에는 노인이 홀로 지키다 간 빈집이 많다. 더구나 사람이 거주하는 집도 노부부가 사는 일곱 가구를 제외하곤 독거노인만 산다. 혼자 살고 있는 집은 인기척이 없기는 빈집과 매한가지여서 독거노인 집에도 빈집 그림자가 스며 있다.

산책길에 빈집 앞을 지나다 보면 기울어진 대문 틈으로 발자국 한 점 없는 눈 쌓인 마당과 고양이가 졸다 가는 퇴색한 쪽

마루, 무심히 잊힌 시각만을 멍하니 가리키고 있는 벽시계가 보인다. 빈집에는 벽시계가 정지된 세월만큼 무거운 정적이 쌓여 있다. 그래서 오늘처럼 눈이 오거나 흐린 날에는 으스스한 분위기마저 풍긴다.

독거노인과 빈집이 많은 마을은 언제 보아도 텅 비어 있는 것 같다. 한낮에도 골목길에서 마주치는 사람이 거의 없다. 그래도 어쩌다, 겨울에도 어슬렁거리는 노인 한 사람쯤은 만나기도 한다.

어릴 적 내 고향에서는 어쩐 일인지 마을마다 정신이 살짝 나간 사람이 한 명씩은 있었다. 이 마을도 예외는 아니다. 오늘도 실성한 마을 노인이 눈바람 이는 강변에 나와 있다.

웃옷은 어디다 벗어던졌는지 찬바람에 벌겋게 달아오른 몸을 드러내고선 무슨 말인지 연신 중얼거리고 있다. 그러다 허공을 질주하는 눈발을 향해 두 팔을 쳐들고서 고함을 지른다. 지르고 또 지르고, 우렁찬 고함소리가 심술궂은 하늘을 크게 꾸짖는 것 같다. 마침내 두 팔을 날개처럼 벌리고서 발을 구르며 길길이 뛴다. 노인의 광기 어린 고함이 눈바람 소리와 어우러져 하늘을 울린다.

실성한 사람은 하늘과 상통하는가. 짙어가는 눈보라에 하늘도 산천도 노인과 하나가 되어 뿌옇게 흐려져 간다. 신들린 듯, 환희에 찬 듯 괴성을 지르는 노인의 아른거리는 실루엣이

겨울, 산촌

하늘로 오르는 것처럼 신비스런 기운에 싸여 있다.

인간의 속된 성품을 잃어버린 사람은 세상사 잡다한 번뇌도 잊고서 자연에 가장 가까이 다가선 순수한 사람인지도 모른다. 죽음의 대지에서도 자연과 하나가 된 사람만이 홀로 숨 쉬고 있다.

낮부터 내리던 눈이 쉬지 않고 하염없이 내린다. 어두워질수록 차가운 바람도 더욱 기승을 부린다. 눈이 내리는 밤은 하늘도 갈피를 잡지 못하고 희뿌옇기만 하다. 어렴풋이 보이는 눈 덮인 마을 지붕은 납작하게 엎드려서 마을이 아예 눈 더미 위에 주저앉아버린 것 같다.

밤이 되어도 산촌에는 창문으로 새어 나오는 불빛이 거의 없다. 여기 노인들은 밤 어둠에도 불을 잘 밝히지 않는다. 눈을 감고서도 세상일이 빤히 보이는 것인지 세상사 따윈 이제는 알 필요도 없다는 건지, 아니면 얼마 남지 않은 여생이 소멸될수록 어둠에 동화되어 가는 것인지 나로선 모르겠다.

몸도 마음도 쇠잔해진 노인들의 가녀린 숨소리마저 잦아든 산골 마을에는 덧없는 인생의 허망한 세월이 저물고 있다. 이곳에서 태어나 노인이 된 그들이 하나, 둘 떠나고 나면 이 산촌도 허전한 바람만 술렁이는 폐촌이 될 날도 머지않은 것 같다.

눈보라 치는 산촌의 밤은 하얗게 젖어 가는데 앞산의 숲이 멀리 급류에 휩쓸려가는 소리를 내며 운다. 뒷산 숲도 메아리처럼 따라서 운다. 눈보라에 잠자리를 잃어버린 고라니들의 목쉰 울음소리가 산을 헤매고 있다. 이따금 찾아오는 부엉이 울음소리도 끊어질 듯 이어지면서 쇠락해 가는 산촌에 음산한 기운을 더욱 부추기고 있다. 혼자 깨어 있는 심란한 이 밤, 오늘 밤은 쉽사리 잠을 이루지 못할 것만 같다.

밤새 뒤척이다 늦게야 일어나니 간밤의 눈바람은 이미 그쳤고, 창밖으로 보이는 태곳적 순백의 설원에는 반짝이는 햇살과 상큼한 정적이 내려앉아 있다. 눈 쌓인 뜰에는 깊게 파인 고라니 발자국이 어지럽게 찍혀 있다. 창문에 비치는 불빛에 이끌려 잠자리를 찾아왔다가 서운한 마음에 서성거리다 돌아갔나 보다.

햇살이 퍼지자 갈라진 빙하 사이로 얇게 얼었던 물골에서 얼음이 녹아내리며 물결이 인다. 비로소 강물에 숨통이 트이며 생기가 돈다.

갑자기 물골에서 보석처럼 맑은 빛 한 점이 번쩍 시선을 찌르다 사라진다. 이내 물골 위, 아래서도 별빛 같은 섬광이 반짝반짝 치솟다가 가라앉는다. 겨우내 얼음 아래서 숨 막히도록 갇혀 있던 피라미 떼인가. 가만히 보니, 햇볕에 녹아 떠내려가는 얼음 조각들이 한여름 석양 무렵 얕은 강에서 튀어 오르는 피라미 떼처럼 햇빛에 반짝이다, 물결에 잠겼다 하며 감실감실 흘러간다.

눈보라치던 암울한 밤이 지나고, 뒤이어 강물을 타고 흐르는 맑은 섬광은 죽음의 대지에 비치는 한줄기 서광처럼 신기하고도 매혹적이다. 산촌의 겨울이 아무리 혹독하다 해도 죽은 듯 엎드린 빙하 아래서 새 생명이 움트는 봄은 이미 태동하고 있었다. 영겁의 세월이 흘러도 자연은 변함없이 순환하기 마련이다. 하지만, 우리는….

눈 덮인 산과 강은 아직 조용한데, 모처럼 한숨 돌린 갈대밭에서 먼저 바람이 인다. 걱정스런 갈대가 수런거리기 시작한다. 갈수록 산과 강에서도 눈가루를 날리며 또다시 바람소리가 울린다. 마침내 내 가슴 속으로도 스산한 바람이 스며든다.

젊은 시절 가슴에서 일던 바람은 어디론가 훌쩍 떠나고 싶은, 무언가를 기다리게 하는 벅찬 설렘을 일으켰다. 그렇지만 노년기에 이는 바람에는 가슴이 휑하니 시리기만 하다. 그 무언가를 기대하던 설렘도 이제는 모두가 무망하다는 것을 가슴이 먼저 알아챘는가 보다.

산촌 노인들처럼 밤 어둠이 찾아와도 불을 밝히지 않게 될 날이, 내게도 오고 있는 건 아닌지.

촌평

이제, 하산해도 되겠다. 내려가 노시게나!

– 손광성(수필가, 동양화가)

홍천강 빙하

귀향 歸鄕

 햇짚으로 단장한 초가지붕 위로 노오란 겨울 햇살이 사물거린다. 구름 한 점 없이 싸느랗게 파란 하늘을 이고 있는 시골집 오후는 이명이 들릴 정도로 상큼한 정적에 잠겨 있다.

 그늘진 외양간에는 누런 퉁방울 황소가 배를 깔고 엎드린 채, 처마 끝에 절반쯤 걸린 햇볕을 받으며 사색에 잠긴 표정으로 여물을 되새김질하고 있고, 앞뜰의 두엄더미 위에서는 암탉들이 지푸라기를 파헤치면서 모이를 찾고 있다.

 아이는 햇볕이 따스한 섬돌 아래 쪼그리고 앉아서 꾸벅꾸벅 졸며 해바라기를 즐기고 있다. 겨울 날씨치고는 따뜻한 편이라서, 쇠죽을 끓인 온기가 이미 식어버린 어둠침침한 방 안보다는 햇볕 고이는 바람 막힌 섬돌 아래가 더 포근한지도 모른다.

 난데없이 짹짹거리며 날아든 참새 떼 소리에 시골집이 부스스, 나른한 오수에서 깨어난다. 이내 아래채 초가지붕 위에서는 참새 두 마리가 귀가 따갑도록 재재거리면서 엎치락뒤치락 싸움질을 한다. 하얀 깃털이 팔랑거리며 지붕 아래로 떨어진다.

그러다 한 놈의 힘이 다하였는지, 밑에 깔려서 바동거리더니 두 놈이 뒤엉켜서 그만 함께 지붕 아래로 굴러떨어진다. 땅바닥에 부딪힌 후 가벼운 뇌진탕이라도 일으켰는지 잠시 어리둥절하더니 이내 파르락 날아가버리고, 시골집에는 다시금 정적이 내려앉는다. 이따금 외양간에서 들려오는 워낭 소리가 절간의 풍경 소리처럼 청명한 소리로 정적을 깨뜨릴 뿐이다.

재재거리던 참새 떼 소리에 졸음이 달아난 아이가 천천히 황소 앞으로 다가가서 마주 보고 쪼그려 앉는다. 무심한 황소는 바위처럼 무겁고 한없이 푸근하다. 할아버지 같다.

황소의 큼직한 눈동자를 신기한 듯 쳐다보고 있던 아이가 점점 조그맣게 졸아들더니 눈동자 속으로 빨려 들어가버린다. 이윽고 황소 눈알 속에 아이가 아롱거린다.

마실 갔던 강아지가 사립문을 비집고 들어오면서 섬돌 쪽을 흘깃 쳐다보고선 아이를 찾아 꼬리를 살래살래 흔들면서 외양간 쪽으로 다가간다.

마당을 휩쓸고 지나가다 흙 담장에 막힌 찬바람이 빙글빙글 원을 그리면서 지푸라기, 종잇조각들을 공중에 띄워 놓고 한동안 놀리다가 가버린다. 초가지붕 건너 투명한 겨울 하늘은 여전히 눈이 시리도록 싸느랗게 푸르기만 하다.

　세월이 흘러, 이제 팔순이 된 그 아이는 가끔 햇살 가득한 고향 집 섬돌 아래 쪼그려 앉아 있는 꿈을 꾸곤 한다.

수필집 독자 독후감

일상에서 사회적 시각으로, 때론 짙은 서정성으로, 때론 풍자와 익살로 삶과 인간 그리고 세상에 대한 사유와 관조가 깊은 울림을 주는 글들. 정말 재밌게 읽었습니다.
이젠 무인이 아니라 진정한 문인 맞으십니다.

— 정진희(수필가)

오늘 수필집 《마음의 여로》를 읽었습니다. 한 편의 수필을 쓰기 위해 애쓴 시간을 생각하면, 단숨에 읽어버렸다는 인사가 송구스럽습니다. 그래도 수필집은 '읽히는' 스스로의 힘을 가져야만 비로소 읽히는 책이 되는 것 같습니다.
아직 눈물이 있고 그리움이 있는 다정다감하신 선생님! 강직한 모습과 부드럽고 자상한 아빠 그리고 감성과 재치가 넘치는 멋진 장군이셨습니다. 이런 게 글을 쓰는 사람의 자질일까요?
다 읽고 나니, '한 마리 백로처럼 단아하게 늙어가고 싶다'는 선생님의 형상이 절로 그려집니다. 한 권의 수필집에 그런 오롯한 무늬가 남겨지는 것은 아름다운 일입니다.
아름다운 홍천 강가에서 심상이 담긴 많은 글들 건져 올리시길 바랍니다.

— 박영란(수필가)

웃으면서 읽다가 슬프기도 한 '웃픈' 이야기들. 고맙습니다.

— 류창희(수필가)

앉은 자리에서 다 읽고 말았습니다.

군더더기 없이 할 말 다 하면서도 고졸한 수필을 오랜만에 대하는 기분입니다. 일면식도 없는 데도 호젓한 외로움이 가슴에 남아, 밤비 내리면 더욱 생각날 듯합니다.

— 정순진(문학평론가)

글은 곧 자신의 모습이라는 말, 선생님을 두고 하는 말이었지 싶네요.

친구들과 여행을 함께 할 때마다 간편하게 짐을 꾸려오는 친구가 부러웠는데 선생님 책이 그랬어요.

그러고 싶어도 못 그러고 살고, 책을 내겠다고 준비 중인 저도 자꾸 욕심이 생겨 부피를 늘리는 중이었는데 선생님 책을 읽으며 단어 하나라도 버리려고 애쓰는 중입니다.

유머도, 가슴 찡한 이야기도 무심히 툭 던져 놓고 뒤로 슬쩍 빠지시는 분. 목소리 높이지 않고도 남은 생을 어떻게 살아가야 할지 방향을 가르쳐 주시네요.

— 왕린(수필가)

여전하십니다. 과연 그 필력과 그 감성이 마음에 다가옵니다. 정말 감동입니다.

—조한숙(수필가)

《마음의 여로》, 오연한 학 한 마리… 강가 오두막의 소요유가 '쏘로우' 부럽지 않으실 듯싶네요.
게다가 마음 깊은 곳을 들여다보고 깊이 공명하시는 일현 선생님 발문까지….
《마음의 여로》 출생을 축하드립니다.

— 최민자(수필가)

물 흐르듯 흐르는 글. 어떠한 수사도 자랑도 없는 글.

— 최영애(수필가)

신대식 연보

1946년 경남 거창군에서 칠 남매의 여섯째로 출생.

태어난 지 얼마 안 되어 원인 모를 병에 걸려, 부모님이 백방으로 노력하다가 포기하고 내버려둔 녀석이 저절로 살아났다 함.

태어날 때부터 삶이란 고달픈 것, 자각하고서 일찌감치 생을 포기할 뻔했음.

1948년 한려수도 통영으로 옮겨가서 통영초등학교 3학년까지 지냄.

통영항이 내려다보이는 동피랑 언덕 양철집에 살면서, 뱃고동 울리며 떠나는 여객선을 향해 선창이나 남망산 언덕에서 손수건 흔드는 여인들의 모습을 보며 안타깝다, 한편으론 참 아름답다 생각하며 성장함.

1955년 연말 무렵, 아버님 별세로 다시 고향으로 돌아와 창남초등교, 대성중학교, 농림 고등학교를 졸업. 초등학교 때부터 혼자서 시, 소설, 월간 《현대문학》에 몰입하여 읍내 책방을 섭렵하며 은둔형 소년 시절을 보내다가 고등학교 입학 후 염세주의에 빠진 성격을 개조하기 위해 개방형 농땡이로 전향함.

1967년 공짜 대학만 찾다가 뒤늦게 직업군인이 뭔지도 모른 채, 육군사관학교에 입학.

1982년~ 육군대학 졸업 후 사단전술학 교관, 경남대 경영대학원 석사, '85년 국방대학원 수료. 특전사 공수특전여단 작전참모, 대대장, 여단 참모장. 보병 제97 연대장. 무도武道 : 합기도 2단 + 태권도 3단.

1994년~ 제11군단 작전참모, 보병 제501여단장.

1997년~ 육군 준장 진급, 205 특공여단장.

1999년 계간《한글문학》에 수필 등단.

첫 수필집《바람 불어 구름은 흐르고》출간.

2000년~ 보병 제72 사단장.

2003년 01월 36년간의 군 복무를 마감하고 예편.

군의 주요 직책을 마칠 때마다 근무 경험과 연구 결과를 정리하여, 육군대학에서 발간하는《군사평론》에 정규전, 비정규전 분야 논문을 4편 발표. 그러나 군사 문제에 몰두하는 고지식한 군인은 형님, 선배님 찾아다니는 자들보다 지방으로만 밀려다니며 푸대접받는 풍토였음.

2010년 계간《에세이문학》에 재등단.

2017년 두 번째 수필집《마음의 여로》출간.

2018년 수필집《마음의 여로》제36회 현대수필문학상 수상.

2019년 수필〈겨울, 산촌〉, 에세이문학 제6회 올해의 작품상 수상.

2025년 수필선《마음의 여로 Plus》출간.

홍천강가 '오연재'를 다녀간 작가들 작품

- 말춤, 전설이 되다_ 서성남
- 홍천강변에서 열린 재판_ 한준수
- 할_ 송혜영
- 어떤 가을날_ 전민
- 오연재 해방일지 중에서_ 이복희

말춤, 전설이 되다

서성남(수필가)

발톱을 감춘 천사의 얼굴이 그럴까요. 가을빛이 하도 맑고 고와 수상쩍기까지 한 9월의 어느 날이었지요.

자칭 애주가라는 네 사람은 의기투합하여 홍천강변의 고즈넉한 시골집에 모였습니다. 말머리 모양의 흰 구름이 산 위에 걸리고 잠자리도 마른 옥수숫대에 앉아, 움직이는 것이라고는 바람에 고개를 사뿐히 젖히는 억새뿐이었지요.

사방이 적막하리만치 고요한 오후, 따사로운 햇볕 아래 강을 바라보노라니 물고기가 위로 치솟아 떨어지는 소리, 오리들이 물에서 헤엄치는 소리, 물이 숨 쉬는 듯한 소리까지 들리는 것 같았지요. 우리는 양쪽으로 늘어선 억새 길을 걸으며 가을의 소리를 듣고 냄새를 맡기도 했습니다.

해가 넘어가고 술시가 되자 슬슬 술판을 벌였지요. 안주로 삼겹살을 구웠습니다. 천고마비의 계절이어서인지 굽기가 바빴지요. 술은 주법에 따라 약한 막걸리부터 시작했습니다. 그리고 바로 중국 술, 홍주…. 주인이 어느 도예가에게서 선물

받은, 무늬가 촘촘히 들어간 예쁜 술잔과 대접을 돌림 잔으로 하여 원샷을 외쳐대며 몇 순배가 돌았지요. 그리고 민물 매운탕으로 저녁까지 먹었습니다.

술은 2차가 있기 마련. 잠시 산책을 하고는 바깥 탁자에 둘러앉았어요. 서쪽 하늘에는 희멀건 초사흘 달이 눈을 가늘게 뜨고는 우릴 내려 보다 점차 황금색으로 변하더군요.

다시 술판이 이어졌습니다. 신령스런 밤공기도 좋은 안주였지요. 이태백이었다면 강물에 배를 띄우고 시를 읊었겠지만 우리 같은 사람이야 흘러간 옛 노래를 몇 소절 부르며 흥에 겨워 어깨를 들썩이는 몸짓이 고작이었지요.

적요했던 낮과는 달리 밤은 보채듯 수런댔습니다. 풀벌레 소리에다 아랫마을 송아지까지 무슨 일인지 섧게 울어댔어요. 그러거나 말거나 우리 가락은 그 소리들을 압도할 만큼 점차 높아지기 시작했고 몸짓은 커졌지요. 그렇게 또 한 순배 돌자 주인과 또 한 사람은 핫바지 방귀 새듯 사라져버리고 객 둘만 남았습니다. 양주병은 아직 무게가 있었고 청자 술잔에는 노란 술이 유혹하고 있었지요. 양주는 아내와 같이 간 여행에서 사 온 술 중 마지막 남은 것이었으니 내게는 소중한 술이었습니다. 그러니 어찌 남길 수 있겠습니까. 한 모금 입에 넣으면 맛은 혀를 휘감고 향은 코끝을 황홀하게 했지요. 천천히 넘기면 목젖을 타고 넘는 게 그지없이 부드러웠습니다. 나는 부드러움과 향기에 취해서 한 모금 또 한 모금 음미하곤 했죠. 그럴 땐 세상 부러운 것이라고는 아무것도 없지요. 내가 신선인데요. 뭐.

술이란 신비스러워 자정을 넘기자 벌레 소리, 바람 소리, 물소리가 서서히 나를 일으켜 흔들었습니다. 춤이라고는 춰 본 적이 없는 나를 말이지요. 출 바에야 요즘 유행하는 춤이라야겠지요. 말춤을 췄습니다. 뻣뻣한 내 동작은 절대로 춤이 될 수 없고 그저 흉내일 뿐이었지요. 허수아비가 옷자락을 펄럭여도, 장작개비가 껑충거려도 나보다는 나았을 겁니다. 손과 발이 박자에 맞을 리도 없구요. 꺼벙한 몸치에 참 가관이었지 싶습니다. 그래도 나는 신이 났습니다. 그런데 아뿔싸! 신명이 지나쳤나요. 아니 내가 공중부양이라도 했나요. 난간을 넘어 그만 바닥으로 고꾸라지고 말았습니다.

정적이 흘렀습니다. 순간 많은 생각이 스쳐 갔지요. 날씨의 농간이냐는 생각도, 참 남세스럽다는 생각도요. 눈을 떴습니다. 총총한 별들이 웃고 있었어요.

같이 마시던 이가 헐레벌떡 뛰어왔지요.

"119 불러? 119?"

다급한 그의 목소리에 손을 가로저었습니다. 그가 부축하는 대로 가까스로 방으로 들어가 누웠지요.

이튿날 여느 때와 같이 새벽에 깼지요. 일어나려니 온몸이 아프지 뭡니까. 왜 이러지? 바로 지난밤 난간에서 떨어진 생각이 났습니다. 혹시 다쳤으면? 척추 마디부터 온몸을 빠르게 눌러 보았지요. 그리고 아~ 안도의 탄성이 나왔습니다. 부러진 곳은 없고 충격으로 좀 심한 타박상 정도라고 자가진단을 내렸지요. 이 정도인 것은 뒷골 야시가 돌봐도 돌봐 주었겠지요. 그도 그럴 것이 얼마 전 어느 친구가 이 미터 높이에서 떨어져 병문안을 갈 만큼 병원 신세를 진 일이 있어서였지요. 버금가는 높이였으니 얼마나 다행입니까.

나는 아프지 않은 척 일어나 안개 낀 새벽 강을 카메라에 담았습니다. 어제부터 나를 춤까지 추게 한 가을을 놓칠세라 사진을 많이 찍었지요.

돌아와 집안을 둘러보았습니다. 일행들은 방 하나씩을 차지하고는 아직 곯아떨어져 일어날 기미가 보이지 않았습니다. 나도 도로 누웠습니다.

설핏 잠이 들었었나 봐요. 박장대소에 깼습니다. 들어보니 말춤을 추다 떨어진 내 이야기였어요. 어찌나 재미있어하는지요. 나는 늙어 주책 부린 꼴이 부끄러워 어디 숨기라도 하고 싶은데 저리 즐거워하다니요. 하긴 자업자득이지요. 민망한 꼴을 무마하기 위해 나는 그들 앞에 나아가 오히려 큰소리를 쳤습니다.

"내가 왜 떨어졌는지 기억에 없다. 취해서 스스로 그리됐는지, 아니면 누가 밀었는지. 만약 누가 밀었다면 이는 고의적 상해거나 미필적 살인미수에 해당된다."

공범은 물론 방조자까지도 거론했습니다. 원인 제공자, 허술한 시설 소유자, 사고의 개연성이 있음에도 모임을 방조하고 부추긴 이도.

사태가 심각해지자 현장검증을 했지요. 결과는 난간의 형태나 높이로 봐 '누군가 밀지 않고는 말춤으로 떨어질 수는 없다.'였어요. 같이 있었던 이는 절대 밀지 않았다며 극구 부인하더군요. 증인이란 이럴 때 필요한데 밤하늘의 별과 눈썹달 밖에 보지 않았으니 어찌해볼 도리가 없지 뭐예요. 사건은 미궁으로 빠지는 것 같았습니다.

이제 와서 어젯밤의 정황을 하소연해봤자 소용없지만 사건의 전말은 짐작이 갑니다. 아마도 먼저 간 내 아내가 초사흘 눈썹달이 되어 주책 부리는 나를 흘겨보다가 밀어버린 게 아닌가 싶어요. 다치지 않게 살짝 민 것으로 봐 아내가 아닐까, 생각하는 거지요.

얼마 뒤, 그 집을 다녀온 또 다른 지인이 말하더군요. '홍천강 가을밤 풍경에 취해 늙은 말 한 마리가 춤을 추다 떨어졌다.'라고요.

미결된 사건은 그렇게 전설이 되는가 봐요.

홍천강변에서 열린 재판

한준수(수필가)

 주당酒黨 4인방은 홍천강변 친구의 시골집을 찾았다. 해거름, 달맞이꽃이 낮술에 거나해 웃고 있다가 고개를 숙일 무렵 우리는 매운탕에 넣을 고추와 깻잎을 따러 나섰다. 가을의 드넓은 하늘바다엔 주황색 돛을 단 배도 흐르고, 보라색의 거북이가 검푸른 물 위를 헤엄쳐 가기도 했다.
 우리는 작은 집의 전면 데크에서 테이블을 끼고 앉아 술잔을 부딪쳤다. 구월 하순, 홍천강 수면에는 구름과 산이 수채화를 그려 놓고 있었다. 구름도 산도 강물도 우리네 인생인 듯 제자리에 붙박여 있지를 못했다.
 이윽고 밤이 오고, 우리는 일곱 가지 술에 젖어 곤드레만드레가 되었다. 밤이 깊었다. 한 명, 또 한 명 방 안으로 들어가 인사불성이 되었고, 두 주당만 남았다. 테이블 위에는 아직 양주 한 병이 놓여 있었다.
 강 건너 외등은 주황색 칼날을 길게 뻗쳐선 강물 위를 가로질렀다. 물살은 끊임없이 흘러 칼날을 타고 넘었다. 번득번득,

몸을 베이면서 넘었다.

'베어져라 고달픈 과거를, 웃기는 괴리를, 흘러온 질곡의 길도 함께 베어져라.'

강물은 그렇게 말하면서도 물살은 붉은 칼날을 뛰어넘어 또다시 몸을 영합하여 여전히 흘렀다. 우리네 인생이 거기에 있었다.

밤은 자정이 넘은 지 한참, 두 명의 늙은 주당은 노래를 불렀다. 누가 들었다면 두 마리 돈豚님께서 뒷다리라도 잡혀 소리를 지르는 줄 알았을 것이다. 그러나 희미한 의식을 붙들고 있는 것은 외등 불빛과 강물과 두 명의 주당뿐이었다.

한 명이 말 춤을 추기 시작했다. 그는 '싸이'보다 날씬하고 키도 더 컸다. 혼자서 보기엔 정말 아까운 춤이었다. 그는 좀처럼 자신을 망가뜨리기를 꺼려 하는, 말하자면 과묵하고 점잖은 사람이다. 우리가 만난 지 십여 년에 처음 보는 이변이었다.

고독의 돌들이 쌓인 어느 성이 무너지는 형국이라고나 할까. 비익조比翼鳥라는 전설의 새가 한쪽 날개를 잃은 채 허공을 향해 퍼덕이는 모습이라고나 할까.

"오빠는 주당 스타일~ 오빠는 아무리 마셔도 끄떡없는 스타일~ 오빠는 밤새 마셔도 노 프라브름 스타일~"

'쿠당!…'

그러곤 갑자기 조용해졌다.

큰 사고가 생겼다. 데크 가장자리엔 80센티미터 높이의 난간이 세워져 있는데, 그는 '백스텝'으로 겅중겅중 뛰어가다가 하반신이 난간에 걸려 그만 땅바닥으로 떨어지고 만 것이었다. 데크의 바닥 높이까지 합치면 180센티미터 높이에서 까꾸로 추락한 거였다.

신음소리도 나지 않았다. 죽었든지 중상을 당했다면 덤터기를 면할 길이 없게 된 거였다. 정신을 가다듬고 나무 계단으로 내려가 보았다. 몸을 쭉 뻗고 누워 있었다. 가슴이 철렁했다. 흔들어 깨우면서 어떠냐고 물었다. 대답이 없었다. 부축하여 일으키려 했다. 6척의 거구를 5척 단신 혼자 힘으로는 버거웠다.

난감했다. 하늘을 올려다보았다. 눈썹달이 내려다보면서 '꼴 좋다!' 하며 약을 올렸다. 방 안에는 만취한 두 주당이 코를 골고 있을 뿐이었다. 119를 불러야 했다. 그런데 시신이 움직이기 시작했다. 가슴을 들어 일으켰다. 이끄는 대로 따라주었다. 착한 어린이었다. 독방에 침구를 펴고 눕혔다.

이마의 땀을 닦으며 밖으로 나와 마시던 술잔을 들었다. 강물에 시선을 던졌다. 물결을 가르고 있던 외등이 칼끝을 번쩍 쳐들고는 눈을 찔러대며 질책했다.

'겨우 동요 몇 곡이 전 재산인 육십 대 오빠를 강남스타일 말

춤을 추도록 그냥 놓아두다니? 나이 팔십 줄에 철부지한 인간아!'

불빛은 매섭게 책망하고 물결은 깔깔대며 웃었다.

아침이 되어 거실에서 재판이 열렸다. 검사가 날카롭게 질타했다.

"자정이 넘은 시간에 나이도, 술의 역사도 십 년이 더 어린 친구를 데리고 술 마시기 내기를 하자고 꾀어 만취시킨 게 분명하다. 그런 다음 흥을 돋우어 말춤까지 추도록 부추겨, 고의로 난간 너머로 떠밀어 죽이려 한 게 분명한 사실이렷다."

검사의 논고는 서슬이 퍼런 칼날이었다.

늙은 말은 사실대로 진술했지만 변호사까지도 젊은 말이 스스로 떨어졌다는 증거가 불충분하다며 우격다짐으로 살인미수죄를 뒤집어씌웠다. 재판장은 '말춤 오빠'가 당한 모든 피해를 보상하라고 법봉을 두드렸다.

이에 늙은 말은 낙마한 젊은 오빠와 대질을 시켜달라고 요청했다. 말춤 오빠를 깨워 나오게 했다. 검사, 판사가 그에게 낙마한 경위를 물었다. 말춤 달인은 두말할 나위 없이, 옆에 있던 늙은 말이 고의로 떠밀어서 넘어져 박혔다고 했다. 한 수 더 떠서는 자기가 되살아난 것은 누구의 도움도 없이 오직 자신의 강한 의지였다는 진술이었다.

피해자를 포함한 3인은 모두 나보다 키가 훨씬 더 큰 거구들이다. 판사는 별을 달고 예편했는데, 아직도 그의 얼굴에선 별이 번득인다. 그런가 하면 검사는 지성인이며 일류 계간지의 주간主幹 출신답게 늘 점잖다. 그런데도 피의자를 살인 미수범으로 몰아붙였다. 변호인 역할은 판검사가 교대로 겸임했는데 피의자에게는 잠자리 눈곱만치도 도움을 주지 않았다. 인생 78년 동안에 덤터기를 많이 써보았지만 홍천강변에서 벌어진 재판처럼 억울하긴 처음이었다.

재판을 끝낸 우리 4인방은 박장대소를 하며 해장술을 나누었다. 홍천강변에서 벌어진 재판은 잊을 수 없는 추억으로 남을 것이다.

할

송혜영(수필가)

 모처럼 바람이 없다. 그래서 나선 길인데 두개골 안의 뇌수까지 얼어버릴 지경이다. 강추위에 하늘도 새파랗게 질려 있다.

 도로 들어갈까. 공기는 동사의 공포를 상쇄시키고도 남을 만큼 소쇄하다. 지가 추워 봤자 얼마나 춥겠어. 그래 어디 한 번 '맞짱'을 떠보자. 모자를 푹 눌러쓰고 목도리를 한 번 더 돌려 감으며 전의를 다진다.

 이왕 나온 거 강변까지 가보기로 한다. 강은 진작부터 얼어 있다. 12월에 접어들면서 살얼음이 잡히기 시작하던 강은 중순쯤에 벌써 굳어 버렸다.

 겨울 햇볕은 역시 축복이다. 걸음을 재게 옮겨놓으니 태양의 세례를 받은 몸이 금세 풀린다. 무섭다고 무조건 피할 일이 아니야. 스스로를 격려하며 강을 따라 걷는다.

 며칠 전 내린 폭설은 강을 눈 덮인 개활지로 바꿔버렸다. 훼손되지 않은 순백의 광활한 캔버스가 창작 욕구를 불러일으킨다. 발자국으로 여백의 미를 강조한 추상화 한 점 그려보자꾸나. 나 정도의 하중은 괘념치 않는 꽝꽝 언 강에 발을 들여놓는다.

막상 강 위에 서자 창작보다 탐험 의지가 발동한다. 멀리서 바라보기만 하던 강 건너 절벽 끝에 돌출한 바위에 눈길이 간다.

청록색 산 그림자 짙은 절벽은 그동안 내 눈길만을 허용했다. 저물녘이면 깊은 강에서 피어오르는 안개에 어슴푸레 둘러싸인 바위에 다리가 긴 물새 한 마리가 서 있었다. 백로일까? 흰 물새는 바위 끝에 외발로 서서 저물어가는 인간 세상을 그윽이 내려다보았다. 절벽 어름은 천천히 노를 저어도 30분이면 족히 갈 수 있는 거리다. 하지만 심정적으로는 절대 닿을 수 없는 피안 같은 곳이었다.

지금, 순수한 내 동력으로 신선 세상에 잠시 발을 들여놓을 수 있다. 저기 서서 나도 백로처럼 속계를 발아래 두고 볼 수 있다. 마치 모세처럼 길을 내주신 동장군에게 조금 전까지 품었던 적대감을 풀고 간사하게 감사를 표한다. 발이 푹푹 빠지는 눈밭을 허위허위 걸어 절벽을 향해 나아간다. 설레며, 저어하며 한 발 한 발 선계로.

그때 갑자기 언 강 깊숙한 곳에서 울려나오는 소리가 새도 날지 않는 겨울 강의 정적을 깬다.

– 쩌어엉.

강의 돌연한 포효에 약간의 흥분상태에 있던 심장이 놀라 널을 뛴다. 이건 뭐지. 심신이 오염된 잉여인간이 감히 넘볼 곳이 아니라는 건가. 일천한 수행으로 곧잘 초월의 세계를 넘보려는 나를 꾸짖는 '할'인가.

경황 중에 강의 맨얼굴 위에 서 있다는 걸 의식한다. 바람에 눈이 쓸려나간 얼음 속에 동결된 기포들이 내가 얼마나 깊은 물 위쪽에 서 있는가를 일러준다. 오금이 저린다.

– 우우웅.

언감생심 꿈도 꾸지 말고 냉큼 너 놀던 곳으로 돌아가라고 강이 또 으름장을 놓는다. 왔던 길을 급히 되밟아 가는데 후들거리는 다리가 앞서 나가는 머리를 미처 따라오지 못하고 허둥댄다.

겨우 강 밖으로 나오자 한기가 뺨을 후려친다.

어떤 가을날

전 민(수필가)

　가을이 깊숙이 들어와 있는 날이었어. 잎새 샛노래진 은행나무 길을 지나 진한 향기 코를 간질이는 감국언덕을 넘어, 은빛 머리 살랑이며 강물과 밀어를 나누는 억새 풀숲에 닿았어.

　단풍을 핑계 삼아 모인 글벗들, 너나없이 탄성을 자아내며 좋아하네. 가슴 갈피 새로운 바람이 들어찬 게지. 그렇게 홍천강 어드메 외딴집에 설늙은 여자 몇이 모였어.

　바람과 노닐며 무심히 하루를 보냈네. 참으로 한적한 마을이었어. 자발적 은둔이랄까. 오후 내내 시간을 보내는 동안 차량 한 대도, 어느 누구도 만나질 못했어. 고즈넉한 길에서 자연의 속살을 만나니 마음 밖과 마음 안이 하나가 되던 것을.

　요새 입만 떼면 힐링이란 말이 나오곤 하던데 힐링이 뭐 별거겠어. 자연에 동화되어 그 속에 나를 풀어놓으면 그게 바로 힐링이겠지. 하늘과 바람과 강물과 억새꽃이 나를 가만가만 쓰다듬었어. 아늑했어. 강 건너 앞산을 죄다 불러들여 차경으로 쓰는 창 넓은 집의 평화로움이라니.

찻잔을 내려놓고 강가로 나갔어. 석양빛을 받아 더욱 아름다운 억새 무리가 어서 나오라고 손짓을 했거든. 키 큰 노신사가 따스한 손을 내미는 것 같은 물가 길을 따라 걸었어. 물오리 한 쌍 자맥질을 하고 있는 강물에도 가을이 깊이 내려와 있더군.

흐르는 물을 바라보며 누군가 음유시인처럼 나직이 읊조렸어. 스무 살 무렵에 외운 시를 고스란히 재생해내는 재주가 여간 놀랍지 않더라고.

인생은 외롭지도 않고
그저 잡지의 표지처럼 통속하거늘

생일 서너 번을 더 넘기면 세 번째 스무 살이 되는 홍춘紅春의 소녀들 눈망울이 촉촉이 젖어 들었어. 오랜만인 것 같아. 그런 가슴의 피돌기를 느껴본 것이.

마음 한구석에 맴돌다 사라지곤 하던, 지금은 가고 없는 사람을 떠올린 것도 같네. 쓸쓸하고 감미로운 기분, 내 안에서 사운대는 소리를 듣는 시간이 마냥 좋았어. 여백이 가져온 묘약일 테지.

언뜻 젊음이 그리운 듯 말하는 이에게 물었어.

"그럼 이십 대로 돌아가라면 돌아갈 거야?"

그런데 약속이라도 한 듯 하나같이 입을 모았지. 젊음이 그립기는 하지만 다시 가라면 가지 않을 거라고. 아프니까 청춘이란 말은 말짱 거짓이라고. 숱한 비바람 견뎌내고 오른 지금 이 자리를 무엇과 바꿀 수 있겠느냐는 거였어. 채운 듯 비워진 내 가슴으로 억새꽃잎이 하얗게 흩날렸네.

앓고 난 사람의 얼굴 같은 낮달이 우릴 가만히 내려다보고 있었어.

오연재 해방일지 중에서

이복희(수필가)

처음 만난 그 벽돌집에서 불콰한 취기가 슬쩍 느껴졌다. 연한 분홍색 때문일까, 귀동냥으로 그 집을 다녀간 분들의 면면을 알기에 그런 느낌이 들었을까. 산 좋고 물 좋은 자리, 흐르는 강물을 굽어보고 있는 그 집은 현판부터 예사롭지 않았다.

오연재做然齋. 뭔지 모르지만 우선 멋있다. 고매하신 스승님이 내려주셨다니 심오한 뜻이 있을 게다. 옛 문사들이 그런 장소를 찾아 음풍농월을 즐기며 세월을 보냈다는데, 바로 이런 곳이 아니었을까.

그 일은 '끌림'이라는 낱말 하나로 시작되었다. 그때만 해도 우리 작가회 온라인 카페가 활발한 소통으로 공론의 마당을 제법 달구고 있었다. 그 전원주택의 존재가 카페에 등장하고, 갈대숲 우거진 강변에 지은 '오연재'의 사계절 풍경이 연이어 사진으로 올라왔다.

'전원주택'이란 가끔은 위화감을 느끼게도 하지만 보통 사람들의 로망 중 하나다. 그 집의 쥔장이랑은 그다지 가까운 사이는 아니었다. 몇몇 지인들은 이미 그곳에 다녀온 눈치였다. 귀동냥으로 듣기에는 중량급 인사들인 듯싶어 주변인일 뿐이었던 나는 갈 기회를 엿본 적도 없었다.

어느 날 올라온 사진 한 장. 하얀 햇살에 반짝이는 강물과 갈대숲을 앞에 두고 코스모스가 무더기로 피어 있는 집. 그때가 9월쯤이었던가. '아~ 이 끌림이여!' 한 줄의 댓글을 달았다. 그 댓글에 끌려 쥔장께서 황감하게도 우리를 초대하였다. 끌림의 연쇄반응이라고나 할까.

우리 모임엔 콧김깨나 센 멤버가 몇 있었다. 뭉치면 뭐든 해내는 어벤져스. 당장 의기투합해서 날짜를 정하고 떡하니 쥔장 차에 동승하는 사치까지 부리며 출발했다. 짧든 길든 여행이라는 이름으로 길을 떠나는 일은 그 노정부터 즐거운 법.

홍천강을 끼고 달리기 시작하자 아름다운 강변 풍경이 꿈처럼 나타났다. 푸른 수면에 수놓은 산과 절벽의 신비로운 반영反影은 벌써부터 마음을 부풀게 했다. 아직 남아있던 감성이 싱싱하게 살아나고 있었다. 세상 살아오느라 굳어버린 감성을 조금은 말랑말랑하게 하기 위해 길을 떠나는 것인지도 모른다. 그것의 정체도 아마 '끌림'일 것이다.

시골 마트에서 술과 안주 그리고 먹거리를 양껏 준비했다. 설렘을 불러일으키는 장소의 힘은 세다. 준비만 보면 웬만한 주당들도 저리 가라 할 정도였다. 사실 우리 일행 중 주량이

센 사람은 없다. 어쩌면 마음이 먼저 취하고 있었던 건 아닐까.

산 좋고 물 좋고, 갈대숲 우거진 곳에 가서 우리가 할 일은 뻔하다. 무슨 시연詩宴을 열 것도 아니고 좋은 사람들과 먹고 마시고 놀면 그 아니 좋은 일일까. 오연재, 너 오늘 임자 만났다. 술 향기는 넘치고 잘 부르건 말건 신명나는 노래로 흘러가는 강물을 놀라게 해주자. 한가롭게 노닐던 물고기들이 이게 웬 소란인가, 고개를 내밀며 튀어 오를지 누가 알겠는가.

우리는 평생 쌓인 한을 토해내듯 한껏 노래를 불렀다. 유행가를 부르다 팝송을 불러도, 동요를 불러도 어울리는 오연재의 마당 공연에 청중은 없다. 항의하려 뛰어올 이웃도 없다. 다만 불빛이 드문드문 보이는 강 건너 어두운 산들이 혹 놀라 기절을 했나? 잠잠하기만 하다. 강물도 기가 찼는지 소리죽여 흐른다. 밤하늘에는 은하수의 희붐한 흔적 사이로 별들이 빛나고 9월의 밤바람은 달아오른 뺨을 식혀줄 만큼 서늘하다.

낭만이 있고 무한한 자유로움이 있어 저절로 흥취를 자아내는 영혼의 해방구. 오연재의 해방일지에는 여러 사람들의 에피소드가 담겨있다. 어떤 나이 드신 작가는 흥에 겨워 데크에서 서툰 말춤을 추다 난간 너머로 떨어져 야외 재판까지 열렸다는 소문이 바람에 실려와 심심하면 소환되어 두고두고 재미지게 해주었다.

우리의 거나한 노랫소리도 쥔장의 기억에 오래 남아, 가끔 빙긋이 미소 짓도록 해주면 좋겠다. 강변에 홀로 외로운 그 집, 오연재의 공기에는 가난한 낭만 같기도 하고, 시린 고독이나 자유, 그리고 일탈의 유혹이나 풀 길 없는 꿈에 대한 갈망이 떠돌고 있는 것 같다. 옅은 취기는 물론이다.

마음의여로
Plus

초판인쇄 | 2025년 5월 23일
초판발행 | 2025년 5월 30일
지은이 | 신대식
펴낸이 | 김경희
펴낸곳 | 말그릇

    (우)02030 서울시 중랑구 공릉로 12가길 52~6(묵동)
    전 화 | 02-971-4154
    팩 스 | 0504-194-7032
    이메일 | wjdek421@naver.com

    등록번호 2020년 1월 6일 제2020-3호

인 쇄 | ㈜쌩큐컴퍼니
ⓒ 2025 신대식
값 18,000원

ISBN 979-11-92837-21-5 (03810)

- 저자와 합의하에 인지는 생략합니다.
- 잘못된 책은 구입하신 곳에서 교환해드립니다.

이 도서의 국립중앙도서관 출판예정도서목록(CIP)은 서지정보유통지원시스템 홈페이지 (http://seoji.nl.go.kr)와 국가자료종합목록 구축시스템(http://kolis-net.nl.go.kr)에서 이용할 수 있습니다.